LA BOUSSOLE

MORALE ET POLITIQUE

DES HOMMES ET DES EMPIRES;

DÉDIÉE AUX NATIONS.

Les Rois & les Peuples ont pour Juges leur siécle & la postérité; c'est à la fidélité de l'Histoire de les accuser comme elle peut les absoudre.

Prix, trente sols.

Imprimé à Boston.

TABLE DES MATIÈRES.

A

LA BOUSSOLE

MORALE ET POLITIQUE

DES HOMMES ET DES EMPIRES.

CHAPITRE PREMIER.

Introduction à l'Ouvrage.

LES temps sont arrivés où les Citoyens, amis des Princes & du genre
humain, osent élever la voix, & s'oc-
cuper publiquement du bien de l'humanité ; où les Princes éclairés & Peres
de leurs Peuples, favorisent le progrès
des lumières dont la prospérité publique est l'effet nécessaire.

A 2

Mais quand on entreprend de plaider la caufe de l'Humanité devant le Tribunal augufte des Nations, on ne doit rien négliger pour fe rendre digne & de fa caufe & de fes Juges. C'eft le vœu de mon cœur, le but de mon zèle: puiffent mes moyens être efficaces!

J'entre donc dans cette noble carrière, non avec la préfomption qui naît de l'opinion de fes forces, mais avec la confiance qu'infpirent l'amour de la Vérité & de la Juftice, & des vues qui ont l'intérêt direct & bien calculé de tous les hommes, la paix, le bonheur de l'Europe pour objets.

Entreprendre de démontrer les droits & les devoirs de l'homme, l'enchaînement & la communication des vrais intérêts de chaque Société, & chercher à voir clair dans le tourbillon rapide des évènemens moraux & politiques; ce n'eft point vouloir créer un Monde idéal, c'eft s'occuper utilement d'un Monde ordonné ou qui doit l'être. La République de Platon ne me paroît que le fonge d'un honnête homme éveillé. Je fuis donc bien éloigné de vouloir gouverner les États dans mon cabinet; je ne fuis point un Pilote chargé de la barque publique, mais feulement un Aftronome qui enfeigne à fe re-connoître, un Géographe qui indique & marque les écueils. Le Corps des Pilotes eft trop éclairé fans doute pour défendre aux Aftronomes & aux Géographes de leur dreffer des *Tables* & des *Cartes* marines. Si j'ai bien obfervé l'étoile polaire des Gouvernemens, & la marche de l'économie politique, pourquoi ne ferois-je pas une Bouffole pour la terre, comme *Buter-field* en fait pour la mer? L'Artifte, en travaillant pour les Navigateurs, leur fait faire heureufement le tour du Monde.   A 3

Il y a plus: le droit de rechercher la vérité, de la dire avec le refpect qu'elle mérite, eft le droit de tous les hommes: je me glorifie de l'être: paifible, policé, inftruit par l'expérience, exempt de préjugés & d'adulation, je fens vivement le bien, je le refpecte par-tout où je le vois; je le démontre quand je le peux: je blâme le mal avec la même franchife, il m'indigne & je le fuis. Ainfi, fans ceffer d'être bon Citoyen, je fuis Cofmopolite; je voudrois rendre l'homme plus cher à l'homme, & rapprocher par la bienveillance tous les Êtres raifonnables de l'extrêmité d'un pole à l'autre. Voilà ma profeffion de foi civile & politique; mon culte fôcial y eft conforme. Puiffai-je faire des profélytes!

Pour y réuffir, j'examinerai d'abord s'il y a un Ordre moral inftitué par l'Être fuprême pour la conduite des

hommes & des Empires, comme il y
a un Ordre phyfique pour la fubfiftance, la multiplication & la perpétuité des êtres; & s'il n'y a rien, s'il
ne doit rien y avoir d'arbitraire dans
les regles morales & politiques infti-
tuées pour la conduite des hommes
entr'eux, des Nations les unes envers
les autres; la raifon, l'humanité, la
juftice réclameront leurs droits pour
rappeller à l'ordre, ou pour punir le
Corps focial que l'orgueil, l'ambition
& la cupidité ont rendu infociable, &
par-là même l'ennemi déclaré de toutes
les Nations de l'Ancien & du Nouveau
Monde.

CHAPITRE II.

DE l'Ordre moral & social. Du Droit naturel & des Loix qui en dérivent; des Loix positives & des Loix politiques.

IL y a un Ordre naturel inſtitué par le Créateur pour la conduite phyſique, morale & politique des hommes, & pour le bonheur commun de l'eſpèce humaine.

Chaque homme a un droit naturel qui réſide en lui : ce droit eſt une tranſmiſſion directe des moyens établis par la Puiſſance ſuprême pour remplir le but de la création, de la conſervation, de la deſtination de l'homme ſur la terre.

Les principes du droit naturel & de l'humanité ſont de la même date, &

l'origine de l'un & de l'autre eſt divine.

Le droit naturel eſt le droit de l'homme à ſon plus grand bonheur poſſible. La ſatisfaction intérieure de l'ame, qui naît du libre & paiſible exercice de ce droit, ainſi que de la poſſeſſion des biens, des avantages légitimement acquis, eſt le bonheur. C'eſt ce mobile impérieux qui eſt le principe de toutes les actions. Mais l'homme ſe trompe ſouvent dans le choix des moyens qui conduiſent vers ce but.

L'origine des loix naturelles date de ce droit de l'homme. Ces loix ſont des regles de direction qui indiquent la route du bonheur ; & celui qui veut ardemment la fin d'une choſe doit auſſi en vouloir les moyens.

Toute réunion, toute ſociété, toute inſtitution qui a le bien de l'humanité pour objet, & qui ne peut en avoir un autre fans être injufte, a néceffairement le Droit naturel pour bafe, les Loix naturelles pour regle, l'union, la paix, les fecours récipro- ques, la profpérité de tous & d'un chacun pour but & pour récompenfe. Il fuit de là que toutes les Loix pofi- tives ne font qu'une conclufion évi- dente des Loix naturelles, fondées fur un Droit divin.

L'homme eft un être libre, raifon- nable, fufceptible de direction, comp- table & refponfable de fes actions & de fes démarches dans la fociété : Il avoit donc befoin de regles de con- duite morale & politique, qui lui ap- priffent à diriger fa liberté, fes forces, fes talens, fon induftrie, fes jouiffan- ces même, conformément au pacte focial. De-là, la néceffité des Loix pofitives, qui devoient renforcer les

Loix naturelles. Le cœur de l'homme eſt le Code où la Juſtice éternelle a gravé ces vérités *meres* avec la flamme du ſentiment; elle a auſſi placé les remords à côté de la tranſgreſſion pour rappeller l'infracteur à ſes devoirs.

Ces regles lumineuſes nous apprennent :

1°· Que l'homme *phyſique* eſt l'homme agiſſant par l'impulſion des cauſes que ſes ſens lui font appercevoir.

2°· Que l'homme *moral* eſt l'homme agiſſant par l'impulſion des cauſes phyſiques, ſubordonnées à la Raiſon & à la Juſtice, qui ſont la regle de nos démarches.

3°· Que l'homme *ſauvage* eſt un enfant robuſte, dénué d'expérience, incapable par lui-même de travailler à ſa perfection, à ſa félicité.

4°· Que l'homme *ſocial*, policé,

eſt celui que la réunion & l'expérience mettent à portée de tirer parti de la nature, de lui-même, & de la ſociété pour ſon propre bonheur.

5°. Que l'*homme de bien, éclairé*, eſt l'homme dans ſa maturité & dans ſa perfection ; c'eſt l'homme vertueux qui ſe conforme aux Loix de l'ordre, qui agit d'une façon d'où réſulte le bien-être de ſes aſſociés & le ſien propre. La vertu n'eſt autre choſe que la connoiſſance parfaite & l'amour pratique de nos devoirs.

6°. Que l'homme *méchant* eſt l'homme *dénaturé*, qui met obſtacle à ſon bonheur & à celui des autres, en portant le déſordre dans la ſociété dont il trouble l'harmonie & les vues.

7°. Enfin, que l'homme *heureux* eſt celui qui ſçait jouir légitimement des bienfaits de la nature, & de ceux qu'il procure aux autres.

La connoiſſance intime de ces vérités nous donne la conſcience de nos
obligations : ces obligations palpables
nous pénétrent de nos devoirs, nous
les rendent plus chers & plus familiers.
Ce ſentiment une fois fixé devient
goût, le goût un *penchant*, le penchant un *attrait*, l'attrait devient *paſſion*. La paſſion produit ce noble déſin-
téreſſement, ce courage généreux, cet
enthouſiaſme du bien moral, qui font
jouir les Hommes, les Sociétés, les
Souverains, les Empires, du plus haut
dégré de tranquillité, de gloire, de
puiſſance & de richeſſes. Cela doit être
ainſi.

Les Loix poſitives, fondées ſur le
Droit naturel, aſſûrent à tous & à
chacun trois eſpèces de propriétés qui
dérivent l'une de l'autre, & trois
eſpèces de liberté qui en ſont les
fruits. L'homme qui travaille, qui

remplit fes devoirs, doit jouir exclufivement de fon droit naturel. En
obfervant les Loix fociales, fon droit
eft garanti par les Loix pofitives. De-
là, l'origine des droits & des devoirs
refpectifs, des Loix confervatrices des
fociétés; de-là, la propriété de fa perfonne, de fes facultés corporelles &
intellectuelles, des biens juftement
acquis, & de la liberté d'en ufer, en
cherchant les objets propres à fatisfaire les befoins.

L'homme eft donc libre de part
Dieu & de part la *Nature*. Le Moteur
& le Bienfaiteur de tous les Êtres, que
la raifon & la confcience réclament
également, créa l'homme libre pour
le rendre méritant, mais il a mis une
moralité à fes actions pour y attacher
des récompenfes. L'homme ne doit
donc pas croire qu'il n'eft véritable-
ment libre que lorfqu'il brife tous les

freins. Il eſt des liens qu'il doit porter & reſpecter ; ces liens ſont ceux de l'aſſociation, il faut les reſſerrer nœuds à nœuds ; ils marquent les points de la carrière qu'il doit parcourir, & ceux où il doit s'arrêter ; ils ne concentrent point les efforts de ſa raiſon, ils n'en préviennent que l'égarement ; les troubles que la liberté effrénée a occaſionnés dans toutes les conditions & chez tous les Peuples, ſont des attentats enfantés par la licence, & châtiés par la Juſtice ſuprême, qui veille au maintien des Loix conſervatrices de la ſociabilité.

La liberté perſonnelle eſt la première condition qui ſuppoſe l'exercice du Droit naturel dans tout état de multitude & de réunion. La ſûreté de cet exercice eſt le premier pacte, le premier lien ſocial. La propriété foncière naît de cette ſûreté, comme la propriété mobiliaire vient du Droit réel à l'ufage paifible des fruits acquis par le travail. Cette poffeffion eft la regle naturelle qui décide du jufte ou de l'injufte.

En effet, la propriété des biens eft une fuite de la liberté & de l'emploi des talens de l'homme : Elle modifie le droit que les hommes avoient originairement fur tous les biens de la terre & à la *menfe* commune de la nature. Diftinguant avec foin ce qui doit appartenir à chacun, elle affure à tous une jouiffance tranquille & paifible de ce qu'ils poffédent ; c'étoit le feul moyen d'entretenir la paix & la bonne harmonie entr'eux. Auffi un intérêt commun force les Hommes & les Nations à refpecter cette propriété dans toute l'étendue du globe, pour remplir les conditions inféparables des affociations paifibles, & maintenir l'ordre
politique

politique le plus avantageux à la sociabilité univerfelle.

La liberté confifte donc à fe déterminer & agir avec choix, felon ce que
l'on juge de plus raifonnable & de plus
jufte pour fe procurer fes propres avantages, en refpectant toujours ceux des
autres; c'eft l'empire fur foi-même &
fur fes actions; c'eft en un mot pouvoir ce que l'on doit vouloir, d'après
l'ordre immuable qui fert de bafe aux
Loix naturelles & fociales, dont la
prévoyance a compris tout ce qui pouvoit nous rendre heureux. Ainfi tous
les actes où la liberté fe déploye, doivent être raifonnables & juftes; tout
ce qui s'en éloigne eft licence & brigandage. L'idée du bien détermine
celle du mal. Le bien nous attire néceffairement; le mal, par un effet
néceffaire, nous repouffe & nous indigne. Il y a dans l'homme un fen-

timent de juftice & de dignité naturelle, qu'il importe aux Loix de fe-
conder ; c'eft avec cet attribut mal-
léable, extenfible à l'infini, qu'il faut
former la chaîne qui doit lier les
Hommes & les Nations.

L'effet de ce fentiment naturel
donné à l'homme pour fa confer va-
tion & fon bien-être, eft le principe du bien-être & de la confervation de fes femblables.

Il n'y a donc rien, il ne peut
rien y avoir d'arbitraire dans les regles
qui doivent guider la conduite des
hommes & des fociétés, conformément aux Loix de l'ordre & de la
juftice. L'ordre focial n'eft que l'art
de fe conformer aux Loix de l'ordre
naturel, relatives à l'efpèce humaine ;
le bonheur des Nations ne différe
point de celui des individus qui les
compofent. Si tout Gouvernement

doit fa protection à tout homme qui a pactifé librement, à l'abri de l'affo-ciation qui lui affure fes droits, il doit les mêmes égards aux droits ref-pectifs de chaque fociété particulière ; tout Gouvernement eft fondé fur des principes pris dans la nature. L'obli-gation de remplir le pacte de la fo-ciabilité en eft la Loi fondamentale. On ne peut rien faire faire aux Hom-mes & aux Nations qui foit contraire à leurs droits naturels ; & les rapports d'un Etat, d'une Société, d'un Parti-culier, avec les autres Etats, les au-tres Sociétés & les autres Hommes, ne font qu'une extenfion des rapports de chacun d'eux avec eux - mêmes. C'eft dans cet état que le fyftême phy-fique & moral des Nations s'établit pour l'avantage commun de toutes. Ainfi le bonheur des Nations, comme celui des Particuliers, dépend de la manière dont chacun d'eux fçait s'arranger, pour prendre fes avantages fans nuire à ceux des autres.

Voilà comme l'art de bien vivre & de vivre heureux, n'eſt que l'àrt de tirer le meilleur parti de fa liberté, de fes facultés, de fes talens, de fon induſtrie, de fes propriétés & de fes richeſſes, d'après la balance morale qui détermine par compte & par meſure, l'étendue des droits, des devoirs, des travaux fruɛ̃tueux & réciproques de tous & de chacun.

C'eſt en ce fens que tout fe touche, ou que tout fe tient dans l'univers focial; ce qui agit fur une partie, influe & opére fur toutes les autres.

Harmonie des reſſorts enſemble, & perpétuité des effets: telle eſt la Loi de l'ordre naturel.

(23)

Accord des fonctions, unité d'intérêt: tel eft le nœud de l'ordre focial.

La combinaifon de ces rapports re-latifs, c'eft la prudence.

Réciprocité d'égards, de fervices & de bienfaits, voilà la juftice.

La juftice & la prudence, par rap-port aux particuliers, fe nomment *fa-geffe politique* à l'égard des Souve-rains, & *droit des gens* relativement aux Nations.

La juftice eft donc une regle na-turelle & univerfelle, reconnue par les lumières de la raifon, qui déter-mine évidemment les droits, les li-bertés, les propriétés, les jouiffances de tous & de chacun. Conféquem-ment, l'injuftice feroit l'ufurpation de ces droits, de ces libertés, de ces propriétés, de ces jouiffances : Mais le trouble, la confufion, le défordre, les attentats, les crimes, les malheurs des particuliers, la ruine des Nations, la décadence & la chûte des Empires, font le châtiment plus ou moins prompt, mais certain de la violation des Loix naturelles, antérieures aux fociétés, aux conventions, aux Loix humaines qui dérivent d'elles.

Voilà comme toute idée de morale donne une idée jufte de l'ordre effentiel des fociétés ; l'idée d'ordre, celle d'obligation ; l'idée d'obligation, celle de Loi ; l'idée de Loi, celle d'un Légiflateur ; l'idée de Légiflateur, celle de Rémunérateur & de Vengeur ; & l'idée des récompenfes & des châtimens renferme tous les motifs qui influent directement fur les actions & la conduite des Hommes & des Empires. C'en eft la fanction inévitable.

L'ignorance volontaire de ces maximes fondamentales, les préjugés contraires, les fophifmes des méchans ; les attentats de l'ambition, l'égoïfme de la cupidité, les rufes de la fauffe politique, rien au monde ne peut obfcurcir l'évidence de ces principes, puifés dans le dépôt précieux de ce que la morale & la faine politique ont de vrai, de bon, de jufte, d'honnête & d'utile. C'eft par le concours unanime à leur obfervation, que la tranquillité, la profpérité des Etats s'accroiffent, fe confomment & fe perfectionnent. Croire ces vérités, c'eft croire à l'humanité & à la vertu ; les Rois & les Particuliers s'honorent en y croyant : Auffi le rétabliffement de l'ordre eft l'ouvrage de la grandeur des Rois ; c'eft par là que leur regne devient une époque brillante dans l'hiftoire du genre humain.

La force des Princes, la félicité des Peuples réfident donc dans la démonſtration des vérités qui enſeignent aux hommes, la religieuſe connoiſ-ſance de l'ordre qui doit gouverner les êtres raiſonnables, comme il gou-verne le monde phyſique. Sans le ſecours de cette regle primitive & ſacrée, les Loix politiques établies ne ſeroient qu'un conflit perpétuel des Hommes & des Loix; l'intérêt per-ſonnel, excluſif, la tyrannie des paſ-ſions dégénérées, fouleroient aux pieds les Inſtitutions humaines les plus ſa-gement concertées. Si l'homme doit avoir des paſſions, il a auſſi des Loix & un frein; & s'il s'égare ſouvent, la nature le ramene toutes les fois qu'elle le peut à l'uſage profitable de ſa raiſon & de ſon cœur.

C'eſt d'après ces baſes de morale univerſelle qu'il faut lui apprendre à compter: ce ſont les élémens de ce calcul & les regles déciſives de ce compte, qui affurent entre tous le maintien de tous les droits, l'obfervation des Loix naturelles & pofitives, l'accompliffement de tous les devoirs, le fuccès de tous les travaux, qui font la vie & la gloire des fociétés.

CHAPITRE III.

Du Droit des Gens & des Nations.

Après avoir confidéré l'homme dans la nature, & les droits de l'homme dans l'état de réunion, on voit que tout intérêt humain fe réfume en un point, à l'obfervation de l'ordre, qui eft le Régulateur & le Protecteur des droits de chaque individu; & c'eft en s'y conformant que la marche paifible de la vie mène à la fource du bonheur. Il fuffit de jetter un coup d'œil fur l'état où les hommes fe trouvent les uns à l'égard des autres, pour fe convaincre qu'ils ont tous une mere commune: Habitans de la même terre, co-propriétaires du même héritage, freres, parens, alliés, amis, ils ont les mêmes facultés, les mêmes inclinations, les mêmes befoins, les mêmes défirs aux jouiffances, & les mêmes droits. Mais ils ne fçauroient fe paffer les uns des autres; l'homme eft l'appui de l'homme, & ce n'eft que par des fecours mutuels, que par la bienveillance d'intention & la bienfaifance pratique qu'ils peuvent fe procurer efficacement un état agréable & tranquille.

Auffi l'homme naît avec un inftinct focial, il a réellement dans fon cœur les germes d'une fociété primitive, antérieure à toutes les réunions.

Il eft donc démontré que les befoins ont formé l'ordre focial ; que s'ils en font les premiers nœuds, c'eft aux fecours réciproques à les refferrer pour les maintenir.

Il eft démontré qu'il n'y a qu'une feule & même regle de juftice pour tous les hommes, & que cette juftice fouveraine, impartiale, eft commune entre les individus, les fociétés & ceux qui les gouvernent.

Il eft démontré que chaque fociété eft par elle-même, & dans fon origine, une fociété d'égalité & d'indépendance.

Il eft démontré que chacune d'elles a des propriétés facrées & refpectables, des droits communs, des obligations mutuelles.

Il eft démontré que les unes & les autres font comptables, de même que les particuliers, de leurs mœurs, de leurs procédés, de leurs actions au

Tribunal de l'Humanité & de la Raifon univerfelle, qui leur prefcrivent les mêmes regles de conduite dans les affaires qu'elles peuvent avoir les unes envers les autres, & les mêmes obligations que les Loix naturelles, civiles & politiques prefcrivent aux particuliers confidérés comme membres des fociétés humaines.

Il eft démontré que le droit des gens ne différe en rien du droit naturel, & que c'eft la même chofe. Auffi on peut appliquer à tous les Peuples du Monde les maximes du droit naturel, fur lequel porte le *Droit des Gens*, ou Droit des Nations.

En effet, l'état naturel des Nations les unes à l'égatd des autres, eft un état de fociété, de paix, d'échange, de commerce réciproque : cette fociété eft auffi une fociété d'égalité &

d'indépendance : cette égalité de Droit commun oblige les Nations d'avoir les unes pour les autres les mêmes égards, les mêmes ménagemens.

Voilà le principe général du Droit des Gens, qui n'eſt autre choſe que la Loi générale de la ſociabilité univerſelle.

Réſumons. 1°. Le Droit des Gens porte ſur la Loi de l'égalité naturelle.

2°. Sur la défenſe expreſſe de faire du mal à perſonne.

3°. Sur la prompte réparation du dommage.

4°. Sur la bienveillance d'intention & ſur la bienfaiſance pratique.

5°. Sur la bonne foi dans les traités, ſur la fidélité à maintenir les conventions, & ſur les égards & le reſpect que l'on doit aux Ambaſſadeurs.

Il ſuit de-là que toutes les Nations, naturellement égales & indépendantes

les unes des autres, doivent toujours
fe traiter comme telles & fe prêter
mutuellement des fecours dans l'oc-
cafion : que loin de fe faire un mal volontaire, elles doivent réparer le plutôt poffible celui qu'elles pourroient
avoir fait, même fans le vouloir,
L'Immunité des Nations eft le privilége de droit des Nations.

Le droit que chacune d'elles a de
travailler à fa confervation, à fa sûreté, à fon bonheur, donne à toutes
celui d'employer juftement la force
& les armes contre ceux qui fe déclarent leurs ennemis.

Il eft évident que la sûreté & la
profpérité d'une Nation demandent
non-feulement que l'on y maintienne
l'ordre & la paix au dedans, mais encore que l'on puiffe la mettre à cou-
vert des infultes des ennemis du déhors, & lui procurer de la part des

autres Etats tous les fecours utiles que l'on peut en tirer, pour réprimer la force, la violence, la tyrannie d'une Nation ou d'un Peuple qui auroit enfreint le Droit des Gens par de coupables attentats. Se procurer la sûreté intérieure d'une part, & les avantages extérieurs de l'autre, c'eft le droit de tous les Corps politiques, foumis comme les Particuliers aux Loix primitives que Dieu a donné lui-même à tous les hommes. Le fyftême & l'affemblage de ces Loix eft proprement la Loi des Nations, le Droit des Gens, la Loi générale de la fociabilité. Aucun Peuple ne peut, fans enfreindre fes devoirs, fans violer ces Loix facrées, porter atteinte aux maximes fondamentales de ce Code divin & humain à la fois.

En comparant ce petit nombre de principes avec les effets phyfiques,

moraux & politiques, qui en font les
fuites néceffaires, on verra que n'étant
démentis par aucun, mais appuyés
par tous, ils jouiffent d'une entière
évidence, d'une pleine efficacité, &
que dès-lors ils décident fouverainement qu'elles font les regles de toute
adminiftration publique & particulière, la plus conforme à la juftice,
& la plus avantageufe aux Hommes
& aux Empires. Telle eft la fanction
des Loix de fociabilité.

CHAPITRE

CHAPITRE IV.

APPLICATION de ces vérités à la Nation qui pourroit les méconnoître.

CHAQUE Peuple a droit à l'eſtime, à la conſidération des autres, quand il n'y a pas volontairement renoncé. La grandeur réelle d'un Peuple dépend toujours du zéle qu'il apporte au bien public : Ce zéle tient lui-même à une cauſe première bien ſéduiſante pour lui ; c'eſt à l'opinion qu'il croit pouvoir ſe former de ſon bonheur réel, de ſon crédit chez l'Etranger, de l'état actuel de ſes Poſſeſſions, des des forces qu'il peut oppoſer aux Peuples ſes voiſins & ſes rivaux.

Mais la bonne opinion qu'un Peuple a de lui-même, ne fait jamais la grandeur de l'Etat, quand ſes vices

C

moraux & politiques le rendent auſſi formidable à lui-même qu'à la ſociété générale. Quelque ſplendeur qu'il acquerre, s'il veut devenir abſolu, il travaille à ne l'être jamais, & il ſera toujours malheureux juſqu'à ce qu'il ſoit détruit.

Un Peuple marche à grands pas vers ſa ruine, quand l'Egoïſme s'eſt emparé de tous les cœurs, quand l'intérêt excluſif eſt ſa Loi, quand la vénalité des opinions & des ſuffrages y établit un Deſpotiſme ſecret, qui ôte aux familles la tranquillité, la ſécurité, qui doivent être la première poſſeſſion de tout Citoyen.

Lorſqu'un Gouvernement eſt régi par ces paſſions dévorantes, les Membres du Corps politique, ſéparés du Tout & d'eux-mêmes, palpitent & ſe déchirent: Alors s'élèvent du ſein de l'Etat, ces orages affreux qui arment une partie d'un Royaume contre l'autre; le fang national coule, l'Etat eft déchiré au dedans & démembré au déhors; des confommations énormes, des emplois de force indifcrets ne peuvent parer à ces revers; l'épuifement fuccéde à l'excès; de terribles motifs de crainte & de regrets troublent tous les cœurs. Vaincu, l'Etat eft fans reffource; victorieux, il fera ruiné d'hommes & d'argent. Si cet Etat eft maritime, il demeurera exilé en quelque forte au milieu des mers; fes flottes feront concentrées dans fes ports, où fes vaiffeaux deviendront des éponges qui boiront les reftes de fa fubfiftance; fes triomphes paffés n'offriront aux Gouvernemens modérés & fages qu'un malheur de plus, que les fruits amers d'une fauffe politique, & le catafalque d'une gloire injufte, fcellée de la profcription univerſelle. Voilà comme la prétendue ſupériorité & l'ambition excluſive oc- caſiónnent des convulſions d'Etat, des accès de phrénéſie, qui couvrent du crêpe de la douleur, un Trône qui auroit pu être ombragé des lauriers de la gloire, de l'olivier de la paix, des fruits de l'abondance.

Qui croiroit que la Morale reli- gieuſe & politique des Chinois a pour baſe ces vérités fondamentales? (*) Ecoutons-la avec le reſpeᵭ qu'elle mérite, c'eſt elle qui va parler.

» Celui qui ſeul eſt Roi & ſuprême » Seigneur, abaiſſe ſa Majeſté juſqu'à » prendre ſoin des choſes d'ici-bas.

(*) Voyez l'Ode à Ven-Vang, qui ſignifie Roi de Paix. Cette Ode, écrite avec une chaleur intéreſ- ſante, eſt d'une éloquence très-ſage. L'Auteur parloit à ſon Prince avec la dignité & le reſpeᵭ qui lui étoient dûs, & il lui parloit le langage de la vérité & de la nature.

» Attentif au bonheur du Monde
» qu'il gouverne par des Loix juftes,
» il promene fes regards perçans fur
» la face de la terre. Il voit des
» Peuples qui ont abandonné fes Loix,
» & il ne les abandonne pas encore :
» Le *Tien* commence toujours en Pere
» avant de prononcer en Juge ; il les
» examine & les attend ; il cherche
» par-tout un homme felon fon cœur,
» pour régénérer avec lui ce vafte
» Empire. Dans ce deffein, il arrête
» avec amour fes yeux vers l'Occi-
» dent. C'eft là qu'il doit habiter &
» regner avec ce nouveau Roi.

» Les temps malheureux d'une Na-
» tion, font ceux où des Princes fans
» lumières s'attachent des hommes
» fans vertus, & les font dépofitaires
» de toute leur autorité.

» C'eft le Ciel qui a fait cette
» haute montagne, autrefois fi fé-

» conde en arbres & en fruits : (**)
» C'eſt *Taï-Vang* & ſes Miniſtres qui
» en ont fait un déſert ; mais cette
» perte vient uniquement de la faute
» de *Taï-Vang* .... *Ven-Vang* va
» lui rendre ſon premier éclat : Le
» chemin où celui-là s'étoit engagé
» étoit rempli d'écueils & de dan-
» gers ; la voye de *Ven-Vang* eſt
» droite & facile, c'eſt la route du
» bien.

» Poſtérité d'un Roi ſi ſage, con-
» ſervez chérement le bonheur qu'il
» vous a procuré. Et *Toi, Ven-Vang* !
» comme tu dois te regarder dans les
» bons Rois qui t'ont précédé & qui
» te reſſembloient, tu ſerviras un jour
» d'exemple à ceux qui viendront après
» toi. Sois toujours juſte, & que ton
» courage ſoit ferme & doux .....

(**) Alluſion à l'Empire de la Chine.

» Un Gouvernement fans ordre,
» eft une colonne fans bafe ; des bran-
» ches fans tronc ne confervent leur
» verdure qu'un inftant. Le parfait
» Gouvernement fort peu à peu,
» comme un arbre de fa racine ; mais
» un Empire mal adminiftré s'écroule
» comme cet arbre majeftueux, dont
» le fommet fembloit toucher le Ciel.
» Ce qui a fait mourir ce bel arbre,
» ce n'eft pas que des mains enne-
» mies en aient rompu les branches
» & détaché les feuilles, c'eft que la
» racine en étoit gâtée & pourrie, &
» c'eft *Tay-Vang* qui lui a caufé ce
» dommage. On peut ôter une tache
» à un diamant à force de le polir,
» mais fi la parole des Rois n'eft pas
» facrée, fi leurs actions ont le moin-
» dre défaut, il n'y a pas moyen de
» l'effacer, & leur exemple autorife
» les Peuples à leur reffembler.

» Le Gouvernement des Etats dé-
» pend principalement du cœur des
» Princes. Ce cœur peut être lui-
» même gouverné par la pure &
» droite raifon, (*Tao-fin*) ou par les
» paffions; (*Cin-fin*) c'eft la diffé-
» rence de ces maîtres qui établit une
» différence entre l'intérêt & l'équité,
» l'artifice & la droiture, le vice & la
» vertu. . . . La raifon que l'homme a
» reçu du Ciel, eft à peu près à l'égard
» du cœur ce que la fanté eft à l'égard
» du corps. La raifon regne-t-elle dans
» le cœur, tout y eft dans l'ordre;
» ce n'eft que droiture, équité, vertu.
» Les paffions immodérées font au
» contraire les maladies du cœur. Y
» regnent-t-elles fouverainement, le
» trouble y eft; ce n'eft qu'artifice,
» brigues, défordres. Où regnent les
» vertus morales & fociales, regne
» en même temps une joie égale,

» douce & pure ; c'eſt le bonheur pu-
» blic qui rend chaque jour plus
» heureux l'Homme & l'État qui le
» goutent. L'ambition, la cupidité, les
» vices, les crimes au contraire, traî-
» nent après eux de rudes peines,
» qui accablent de plus en plus ceux
» qui les ſouffrent . . . . . Le bon
» ordre, la ſûreté des Empires, leurs
» troubles & leur ruine ſont les diffé-
» rens effets de ces différentes cauſes..
» Les paſſions ſont comme les élémens
» de la vie morale ; ces élémens op-
» poſés forment une mer orageuſe ;
» l'homme modéré, le vrai ſage en
» eſt le Pilote ; mais le mal-adroit &
» le préſomptueux y font également
» naufrage . . . . O *Ven-Vang!* ſois
» toujours un, toujours le même,
» toujours modéré, toujours juſte. Si
» tu es toujours un, le Roi & le
» Miniſtre ayant les mêmes déſirs, le

» même zéle, le même amour, ils
» ne font tous deux qu'un feul tout
» par leur intime union. Le bonheur
» du Peuple eft attaché à cette unité,
» hors de laquelle il n'y a rien de
» bon. Sois toujours le même : la
» vraie vertu ne s'aftreint à aucun
» maître étranger ; le bien folide eft
» le feul maître qu'elle fe propofe
» d'écouter & de fuivre. Un tel maître
» veut qu'on agiffe directement felon
» les diverfes circonftances. Tempo-
» rifer & ufer de ménagement, c'eft
» laiffer croître le mal. Vouloir y re-
» médier promptement & efficacement,
» c'eft agir avec prudence, c'eft l'hé-
» roïfme de la vertu, c'eft le triomphe
» de la fageffe. La vraie tendreffe des
» Princes pour leurs Peuples, eft au
» fein de la modération & de la juf-
» tice. C'eft pour - lors que tous les
» Peuples s'écrient : O que fon cœur

» eſt pur, & parfaitement un ! Il eſt
» digne de l'Empire qu'il a reçu....
» En te conduiſant ainſi, *Ven-Vang*,
» ſi tu étois à l'Orient, tous les Peu-
» ples d'Occident t'attendroient avec
» impatience. Si tu mettois la paix
» dans le Nord, les hommes du Midi
» ſoupireroient après Toi, & chacun
» s'écriera, comme en ſe plaignant :
» *Pourquoi n'eſt-il pas venu d'abord à*
» *notre ſecours ?* On n'entendra que
» des gens qui ſe diront les uns aux
» autres : *Nous attendons notre bon*
» *Prince ; dès qu'il paroîtra, nous re-*
» *prendrons une vie nouvelle.*

Les Chinois ont un Livre canoni-
que (*) du premier Ordre, intitulé :
le *Printemps & l'Automne.* Les actions
de pluſieurs Princes, leurs vertus &

(*) Voyez le Tchun-Tsiou. Ce livre eſt admi-
rable.

leurs vices, la punition des uns, &
les récompenſes des autres y ſont dé-
crites fidellement, & expoſées comme
dans un miroir.

L'Auteur a intitulé ce Livre : *le
Printemps & l'Automne*, pour donner à entendre qu'un Empire ſe
renouvelle & devient floriſſant quand
il eſt gouverné par un Prince ami de
l'ordre ; de même qu'au printemps la
nature renaît en quelque ſorte, & ſe
ranime par l'agréable verdure dont la
terre & les arbres commencent à ſe
revêtir ; au lieu que ſous un Prince
ambitieux, injuſte, ce même Empire
languit & paroît être ſur ſon déclin,
ainſi qu'en automne les arbres ſe dé-
pouillent de leurs ornemens, les fleurs
& les feuilles ſe fannent, & la nature
ſemble être mourante . . . . .

L'ordre eſt donc l'Etoile polaire
des Gouvernemens, & il y a une

Bouſſole pour les Hommes & les Empires, comme il y en a une pour les Mers. Il faudroit avoir perdu la clef du ſyſtême de l'humanité & de la ſociabilité, pour nier des vérités rigoureuſes que la nature & la raiſon offrent de toutes parts aux hommes ſenſibles & réflêchiſſants, & dont elle les force de reconnoître l'évidence & l'utilité, même malgré eux.

CHAPITRE V.

De la Liberté dés Mers, & de l'Immunité du Commerce entre les Nations.

LES Mers font dépendantes des patrimoines primitifs que la Providence a diftribués aux différens Peuples de la Terre & aux Maîtres du Monde. Ainfi toutes les Nations ont le droit de figurer en grand fur ce théâtre mobile, qui eft inconteftablement celui de tous les Peuples induftrieux. L'égalité, l'indépendance des Nations entr'elles, forment leur immunité, & cette immunité eft le privilége de droit des Nations.

Les Mers font libres, les Nations font libres, le commerce entre les hommes doit être auffi libre que le font les hommes. C'eſt le corollaire du droit naturel, & c'eſt auſſi celui du droit des Gens.

La Providence n'a varié ſes dons dans les différens climats, qu'afin que les hommes de tous les Pays, tribu-taires les uns des autres par les be-foins, ſe rapprochaſſent par la bien-veillance, & ſe devinſſent mutuelle-ment néceſſaires. C'eſt ſur ce plan que Dieu a formé les Mers qui ſéparent & uniſſent les Nations. Il a voulu que ces réſervoirs immenſes, qui appar-tiennent à tous, fuſſent indépendants de toute domination particulière.

En effet, le befoin lie toutes les Nations entr'elles. On va cher-cher dans le Nord, des grains, du chanvre, du lin, des toilles, des pel-leteries, de la cire, du goudron, des mâtures, des bois de conſtruction, &c. Le Midi offre d'autres avantages; la

Zone tempérée a des vins de toute espèce, des eaux-de-vie, des sels, des manufactures en tout genre, dont les produits utiles, & infiniment variés, sont nécessaires aux deux Mondes.

Tous les Etats de l'Europe possédent quelques branches de commerce, quelques richesses particulières, soit qu'ils la tiennent de la Nature seule, soit qu'ils la doivent à leur industrie; & la Nation, en faveur de qui la balance du commerce doit naturellement pencher, est celle qui habite le climat le plus fertile, & sous lequel l'industrie sçait tirer le meilleur parti des productions du sol. Mais cet avantage naturel ne porte aucune atteinte au droit des Gens.

Les deux matériaux dont les Etats se forment, sont la Terre & l'Homme; les richesses ont le même principe. Sans la terre, l'homme n'a point de subsistances,

(51)

fubfiftances , point de reffources ; fans
l'homme , la terre n'a point d'utilités ,
mais elle a toutes les propriétés que
l'homme lui fait avoir. Les feules richeffes de la terre font évidemment les
richeffes réelles ; toutes les autres ne
font que des fubfiftances ou des productions métamorphofées.

Si les befoins lient toutes les Nations entr'elles ; fi les mers font des
canaux de communication réciproque ;
il eft évident que la liberté & l'immunité générales font deux conditions
abfolues, fans lefquelles le commerce
des Nations ne pourroit exifter ni fub-
fifter. Ces conditions expreffes datent
du droit qu'ont tous les humains à
la liberté de leurs perfonnes & de leurs
travaux, ainfi qu'à la propriété des
biens que cette liberté & ces travaux
leur procurent.

D

Les productions naturelles & les produits de la terre convertis en main-
d'œuvre font le commerce ; cette con-
verfion doit égaler dans l'échange la
valeur de la main-d'œuvre produite.
Mais la connoiffance du vendeur ne
doit pas abufer de l'ignorance de l'ache-
teur, il n'y auroit ni loyauté, ni égalité. C'eft le commerce loyal feul qui
offre à toutes les Nations l'avantage
commun d'accroître toutes les jouiffances, parce que les valeurs égales
font changées pour valeurs égales, les
dépenfes de tranfport prélevées.

Les hommes dans tous les climats fe
reffemblent en un point; ils fe con-
duifent tous conformément à leur intérêt, quand ils font éclairés fur cet
intérêt véritable. Or, il eft démontré
que leur véritable intérêt eft dans
l'accompliffement de leurs devoirs &
dans la perception de leurs droits. Dès

que les hommes peuvent traiter librement, sûrement, avec avantage les uns
avec les autres, le commerce s'établit
naturellement entr'eux, ils s'y portent
d'eux-mêmes.

Voilà pourquoi les arrangemens du
commerce général & particulier des
Nations se font tous seuls, pourvu
qu'on ne les ordonne pas & qu'on ne
les prohibe point.

Liberté & sûreté : voilà la devise du
commerce.

*Que les Mers soient libres, & tous
les Pavillons respectés :* c'est l'impulsion
universelle & le vœu des deux Mondes.

Il faut être deux pour commercer;
avec de pauvres voisins on ne feroit
qu'un pauvre commerce. On ne peut
vendre beaucoup & constamment aux
autres, en les privant le plus qu'on
pourroit des moyens d'acheter & de

payer. Si deux Nations voifines prof-
pérent enfemble, elles n'en profpére-
ront que mieux. L'opulence de l'une
fe fonde en grande partie fur celle de
l'autre. Entre Nations comme entre
Particuliers, il n'y a rien à gagner
qu'avec ceux qui ont des produ&ions
& des richeffes. C'eft auffi en appel-
lant tous les hommes au partage & à
la jouiffance de tous les biens phyfiques, que l'homme peut les multiplier
& s'en affurer une provifion conti-
nuelle, toujours plus forte. Ainfi le
plus grand intérêt de chaque Peuple
eft, en excitant le commerce national, d'appeller dans fes ports le commerce étranger par l'affurance de toute
liberté, de toute prote&ion, & d'ex-
citer l'émulation des concurrens par
l'appas du commerce d'échange &
d'un gain légitime. C'eft le moyen in-

faillible de rendre l'un & l'autre commerce auſſi floriſſant qu'utile ; un intérêt commun & preſſant à la fois l'ordonne ainſi. Cet intérêt eſt conforme au droit naturel, au droit des gens, aux beſoins réciproques, aux Loix du commerce qui unit les Nations, à l'immunité des mers, qui ſont le précieux lien de communication entr'elles, à la liberté, à la ſûreté, qui ſont les deux anneaux de cette chaîne immenſe.

Un Deſpotiſme excluſif ſur les Mers, qui appartiennent également à tous les Peuples, enchaîneroit le commerce de toutes les Nations, & gêneroit la liberté du commerce général ; ce ſeroit intimer, ce ſeroit défendre aux Nations de faire le commerce. Prétendre ſoumettre les mers & les vents aux ſignaux d'un Pavillon excluſif, c'eſt *adul-*

térer les mers que l'on veut époufer ;
c'eft marcher vers un but abfurde par
des moyens infenfés ; c'eft le délire
ambitieux d'un *Peuple fou* , qu'il faudroit enchaîner.

Ce privilége aveugle & injufte à la
fois , s'il pouvoit exifter, militeroit
fortement contre la liberté univerfelle , qui eft la propriété & l'intérêt
de tous les Citoyens du monde. Ce
privilége feroit donc un crime de leze-
humanité , une violation formelle des
Loix divines & humaines. La fervitude
des Hommes & des Nations eft heureufement dans ce fiécle une efpèce
de péché contre nature. Un Peuple
exclufif & infociable corrompt l'inftinct de la nature humaine & renonce
à fes propres droits. (*) L'attribution

____

(*) Fonder l'efpoir de fa richeffe fur l'appauvriffe-
ment de fes voifins, c'eft un projet de brigands , com-
biné par des aveugles.

de ce qui eſt à autrui n'en donne jamais la propriété particulière. Violer
le droit des autres eſt donc la plus
ſûre, la plus terrible manière de porter atteinte à ſon propre intérêt. Un
tel Peuple, s'il exiſtoit ſur la terre,
ſeroit le *Lion* de la plaine, le *Requin*
des mers, & toutes les Nations de-
vroient ſe conféderer pour en hâter la
ruine.

L'ancienne Carthage faiſoit le commerce du monde connu ; par-là elle
attiroit chez elle toutes les richeſſes.
Elle avoit un grand nombre de Troupes étrangères à ſa ſolde ; elle armoit
de puiſſantes flottes ; ſes navires mar-
chands couvroient les mers, dont elle
affeᴄ̌toit la domination ; & tandis que
d'un côté elle en enchaînoit les ondes,
elle donnoit de l'autre des convulſions
au reſte de la terre. Mais l'empire excluſif d'un élément commun ne donne

rien de durable ; fon Sceptre ufurpé
fe brife contre le moindre écueil ; il
eft bientôt englouti par les ondes indépendantes qu'il tyrannife. Dans tous
les temps, chez tous les Peuples, fous
tous les climats, une puiffance injufte
n'a jamais été que précaire. Toutes les
Loix d'équité & de paix tendent directement à la confervation des avantages ; toute anticipation fur les droits
d'autrui, toute Loi de force en amenent néceffairement la deftruction.
L'ambition fait les ufurpateurs & les
tyrans, mais la tyrannie appelle la
vengeance ; l'oppreffion eft par-tout la
caufe de la deftruction des Empires
qu'elle a faits. C'eft ainfi que l'orgueil
& la cupidité de l'ancienne Carthage
s'expierent par la dégradation ; fon humiliation fuccéda à fa fplendeur, &
le mépris de l'univers au refpect qu'une
conduite plus modérée, plus jufte lui

auroit obtenue. Elle voulut en vain reculer ſes derniers momens de renommée, le jour de la vengeance arriva ; les Carthaginois, ailleurs invincibles, furent vaincus près de Carthage par *Agatocles* & par *Scipion* ; ſon nom, ſes tyrannies, ſes ſpoliations, les diſcours inſolens de ſes Généraux & de ſes Négociateurs ont été tranſmis à la Poſtérité, qui ſe félicite aujourd'hui d'ignorer où ſont les ruines de cette Ville ſuperbe. L'ancienne Carthage nous conduit à Carthage moderne.

CHAPITRE VI.

DE Carthage Moderne.

L'ADMINISTRATION la plus corrompue trouve toujours des adhérens & des apologiftes. Tout homme dépravé & factieux trouve légitime le pouvoir qui favorife fes égaremens, & regarde comme une tyrannie le pouvoir jufte & humain qui les réprime.

Que les hommes de cette trempe nous vantent avec enthoufiafme la liberté, les loix, la fageffe du Gouvernement, la fupériorité & les richeffes de la nouvelle Carthage : ces éloges intéreffés ne féduiront jamais le Citoyen vertueux, fenfible aux infortunes de fes femblables ; jamais, non jamais ces prétendus avantages n'éblouiront les ames généreufes &

fympathiques, en qui l'oppreffion &
l'injuftice allument une jufte colère.

Dans cette Carthage Européenne,
qui jouit d'une réputation ufurpée,
l'homme de bien ne voit qu'un Peuple ambitieux, avide, exclufif, qu'un
Peuple ingrat, injufte, féroce, fouillé
du fang de fes Rois, oppreffeur de
fes Concitoyens, & dont l'ambition
étudiée tend à opprimer également
l'ancien & le nouveau Monde. Nous
allons prouver cette affertion. Les faits
font plus perfuafifs que les raifonne-
mens.

Les Pays où regne la vraie liberté,
font ceux où la raifon a le plus de
pouvoir, où l'homme, dans une fociété paifible, vit heureux fous le joug
honorable des Loix.

Tout homme que la raifon n'éclaire
pas & que les Loix ne peuvent rete-

nir, eft l'ennemi naturel de la liberté des autres. La liberté idéale dont il veut jouir feul, n'eft au fond qu'une licence coupable, injurieufe a l'autorité qu'elle veut rendre anarchique; cette licence eft un attentat toujours porté au-delà du droit des Gens, de la liberté générale des Nations, & de la tranquillité de l'Europe.

Les Loix d'un Etat font très-défectueufes dès qu'elles font le principe des divifions inteftines, dès qu'elles mettent les intérêts particuliers en oppofition avec l'intérêt général de tous les Peuples, & qu'elles donnent lieu à des fléaux extérieurs de tous les genres. Les Loix d'un Etat font injuftes & cruelles dès qu'elles infpirent une haine violente, ou un profond mépris à l'égard des autres Etats; dès qu'elles autorifent des libelles fcandaleux, des outrages publics contre le Miniftère,

& des blasphêmes contre l'Autorité
tutélaire de la Nation même.

Enfin, les Loix d'un Pays n'ont
aucun droit au respect, à l'admiration
publique, dès que son administration
est corrompue au point que le Chef
suprême a le tarif de toutes les voix.

Un Etat est-il grand, puissant &
heureux quand la moitié de lui-même
est détachée de l'autre avec violence?
quand une prodigalité de ressources
funestes le mine sourdement? quand
une guerre dévorante d'hommes & d'argent ajoute chaque jour à ses désas-
tres? quand ses Armées de terre, bat-
tues ou repoussées vigoureusement,
sont aussi découragées que ses Flottes?
quand son crédit chancelant ne peut
être soutenu par un commerce presque
anéanti, & par une dette nationale qui
excéde quatre milliards de livres tour-
noises?

Voilà d'après nature la pofition de la nouvelle Carthage. Les défordres moraux & politiques y font portés à un tel excès, que le petit nombre d'hommes raifonnables & juftes qui habitent cette Ifle, font fans ceffe tentés de l'abandonner ; & ils n'y font retenus que par les liens du fang, peut-être encore par ceux de l'amitié, fi cette belle paffion des ames honnêtes, des cœurs vertueux, peut exifter chez un Peuple Egoïfte. Une fociété d'Egoïftes ne fait qu'un feul homme de chaque membre de la fociété ; il ne travaille que pour lui, & ne fait rien pour elle. L'Egoïfte eft donc un tyran ifolé ; il vit parmi fes Concitoyens comme dans une terre étrangère.

La politique des Carthaginois, percée à jour, ne peut plus en impofer à perfonne ; on fçait qu'ils n'affectent un profond mépris pour tout ce qui

n'eſt pas de Carthage , que pour donner le change au Monde , que pour
faire croire qu'ils s'eſtiment beaucoup
entr'eux, & qu'ils ſont idolâtres de
leur Patrie. Rien n'eſt plus faux; je
les connois à fond. L'Egoïſte n'eſtime
perſonne, & le méchant eſt incapable
d'aimer.

Il n'y a de Patrie que pour l'homme
de bien qui chérit ſes devoirs, & que
pour le Roi Citoyen. Le premier porte
avec docilité le joug des Loix; le ſe-
cond regne en sûreté ſur des Peuples
heureux, affectionnés & ſoumis.

On a cru Carthage ſoumiſe à des
Loix, parce qu'elle n'a pas toujours
ofé les violer ſans pudeur : On a cru
les Carthaginois Patriotes, quand ils
n'étoient qu'ambitieux : on les a cru
humains & généreux , quand ils
n'étoient que vains : on a cru leur

adminiſtration politique bonne, parce que la crainte du cri public y contenoit jadis les Princes & les Miniſtres. Aujourd'hui les choſes ſont bien changées. Les Agens du Trône ont eu recours au moyen qu'employa un Roi de Macédoine pour fermer la bouche à Démoſthènes : comme Philippe, ils diſtribuent des *ſquinanciers d'or* aux Orateurs *anti - Royaliſtes* ; & bientôt ces nouveaux Arétins chantent la Palinodie.

CHAPITRE

CHAPITRE VII.

Du fameux Acte de navigation. De ses effets sur le caractère & les mœurs des Carthaginois, sur l'opinion publique, & sur les malheurs de l'Ancien & du Nouveau Monde.

POUR se former une idée juste de l'ambition & de la cupidité exclusive des Carthaginois, il faut lire & méditer attentivement le fameux Acte de navigation qu'ils firent paroître en 1660.

Cet Acte présente d'abord le ferme propos d'un Peuple qui, après avoir passé par tous les excès de l'esclavage, après avoir été longtemps tyrannisé, veut enfin devenir Despote & Tyran à son tour.

Ce fameux Acte porte l'empreinte

E

du cœur & de l'ame de *Cromwel.*
Dès qu'un homme se rend maître des
Loix, il faut qu'il devienne méchant.
Dès que ses passions l'ont dépravé,
son Empire, forcé de suivre les im-
pulsions qu'il lui donne, se déprave
comme lui. Aussi l'acte de navigation
fut fondé sur l'oubli des droits & des
intérêts des Nations. Il offre un systême
de réglemens utiles aux Carthaginois
seuls, mais injurieux & attentatoires à
la liberté, aux propriétés de tous les
Peuples. Ce systême est une combinai-
son étudiée de tous les moyens propres à s'emparer du commerce universel, à établir le Despotisme sur
toutes les mers. Un pareil acte est
donc une conspiration méditée contre
des priviléges communs & inaliénables.

Le Despotisme systématique des Carthaginois fut d'abord circonspect &

retenu dans fa marche ; mais le Defpotifme n'en eft que plus dangereux lorfqu'il peut fe mafquer fous l'apparence du bien public, car alors il a pour apologiftes même les dupes qu'il fait. Le Defpotifme dont je parle ne tarda pas à fe montrer fous des traits plus prononcés : Il établit fes droits fur la foibleffe maritime de fes voifins, fur des poffeffions prefque fans défenfe. Ses titres furent d'un côté cet Acte fameux d'injuftice & le droit de la force; & de l'autre, l'impofture, la rufe, l'artifice, l'or, l'argent & l'opinion publique. Les Peuples des deux Mondes fentirent plus ou moins la pefanteur de ce joug odieux. L'injuftice, foutenue de la force, eft une tyrannie, un abus révoltant, contre lequel la nature & la raifon s'élevent avec énergie, lors même que les Nations engourdies femblent s'y foumettre fans murmure. Mais les malheurs éloignés affectent peu les hommes; l'habitude rend le joug moins fenfible; peu à peu on s'apprivoife avec l'oppreffion; la force fe change imperceptiblement en droit; l'ufage empêche que l'iniquité n'effarouche; les excès que l'on a continuellement fous les yeux ceffent de les choquer, & peu s'en faut qu'ils ne paroiffent des chofes naturelles. Cette difpofition fait que des ames honnêtes ne fentent pas toujours l'horreur des actions les plus injuftes. La prodigalité de l'or & de l'argent acheva de confacrer le Defpotifme des Carthaginois: les Nations amufées par des formes, féduites par des largeffes, dont les fonds primitifs venoient de leurs propres tréfors, par des promeffes pompeufes, & par la crainte de déplaire, oublierent les chaînes que leur préparoit une puiffance illimitée ; l'inégalité de forces leur perfuada que tout étoit permis à une Nation qui rendoit tributaires les deux Mondes. Elle n'ouvrirent les yeux que quand ce coloffe ne les regarda plus que comme des marche - pieds faits pour le conduire où fon ambition le guidoit ; & quand elles oferent fe plaindre de cet outrage, la fierté prétendit être l'unique arbitre des réclamations, & le feul Juge dans fa propre caufe. C'eft ainfi que l'opinion confolida l'ouvrage de la violence & de l'injuftice.

Cette grande révolution politique fut accompagnée de la révolution du caractère moral des Carthaginois. Le fameux Acte de navigation étoit un engagement fubreptice avec les autres Peuples, un engagement avantageux pour la feule Carthage, & funefte au refte de la Terre.

En conféquence les Carthaginoïs s'arrogerent le droit d'être impuné-ment injuftes, fans prefque ceffer d'être les tyrans du commerce & des mers pendant plus d'un fiécle, & fans laiffer aux Nations dépouillées & affoi-blies le droit naturel de s'en plaindre. La raifon en eft évidente: l'impunité enhardit aux crimes: les fuccès ren-dent infenfible aux malheurs des autres & durciffent le cœur; les conquêtes enorgueilliffent l'ame; tout efprit de conquête eft un véritable brigandage; la politique des ufurpateurs eft que chaque nouvelle ufurpation s'autorife d'une précédente. Plus l'ambition & l'avarice fe gorgent, moins elles fe raffafient.

C'eft ainfi que les Carthaginois fe gorgerent & s'aveuglerent; ils trom-perent tous les Rois, corrompirent une partie des Nations en faifant le

malheur de l'autre. Mais ils fe corrompirent eux-mêmes en confondant
l'abus avec le pouvoir, la loi avec
le caprice, la violence avec le droit,
l'injuſtice avec l'équité. Parvenus à
ce point de dégradation, ils renver-
ferent toutes les barrières, empiéte-
rent fur tous les droits, fe jouerent
de la liberté, de l'honneur, des priviléges les plus facrés, dès qu'il s'agiſ-
foit de fatisfaire leurs défirs altiers &
leur cupidité fans borne. Dès ce moment ils voulurent que leurs haines
& leurs querelles perfonnelles devinſ-
fent des querelles d'Etat, & que tous
les Etats de l'Europe fuſſent la proie
du *léopard.*

Il faut l'avouer, il n'y a que l'aveuglement le plus complet, que l'ambition la plus effrénée, que la préfomption la plus extravagante qui
puiſſent faire croire poſſible ce qui

n'eſt pas même vraiſemblable. Une autorité abſolue ſur les Nations, eſt la
plus abſurde des chimères: on ne peut
qu'abuſer d'un pouvoir dont l'uſage
raiſonnable eſt impoſſible ; plus ce que
les hommes entreprennent eſt au-deſſus
de leurs forces, & plus ils s'en ac-
quittent mal. Cette déraiſon politique
eſt le moyen infaillible de s'épuiſer
en ſuccombant. Toute Puiſſance pour
être ſolide, doit ſe contenir dans de
juſtes bornes. Plus les Etats veulent
avoir de forces, plus ils deviennent
foibles relativement ; plus ils exercent
leur pouvoir, & plus ils l'anéantiſſent.
Voilà des maximes inconnues ſans doute
à ces *Argonautes* modernes, qui ſe pa-
vanent de la morgue, de l'inſolence,
de l'audace, de la dureté des nouveaux parvenus. Depuis un ſiécle ces
ſentimens hautains ont paſſé des peres
aux enfans ; les Temples, les galeries

publiques & particulières, les théâtres, les parades indécentes, dont les Peuples de l'Europe font les frais tour à tour, font les écoles où les Carthaginois apprennent à leurs enfans à devenir haineux, superbes, intéressés, ennemis du genre humain. Ces leçons odieuses, qui font la morale de l'enfance, influent sur les actions de la virilité. Les principes sucés, pour ainsi dire avec le lait, ressemblent à ces caractères tracés sur les écorces des jeunes arbres ; ils croissent avec eux, & font partie d'eux - mêmes. Les mœurs viennent de l'éducation, qui en est la première habitude, & l'éducation dépend de la forme du Gouvernement. Ce font les Princes qui forment le caractère national.

Les Romains n'étoient point fous *Tibére* & fous *Néron* ce qu'ils avoient été fous *Céfar*, & ce qu'ils furent fous *Titus*.

Accoutumés presque en naissant à dédaigner les hommes, est-il étonnant que les Carthaginois deviennent féroces à force d'orgueil ? J'en parle avec connoissance de cause, on peut m'en croire sur parole. Un Carthaginois seroit un prodige s'il ne devenoit un monstre d'orgueil, de haine, & d'ambition. A Carthage on éleve les hommes comme une lionne forme au carnage ses lionceaux.

Après avoir posé les fondemens du Despotisme sur les malheurs publics, les Carthaginois l'ont cimenté du sang & de la subsistance de tous les Peuples. Arrivés à ce point, ils ont fait taire les Loix de toutes les Nations, ils en ont fait pour eux-mêmes, & les voici.

CHAPITRE VIII.

La Politique de Carthage moderne.

Aimer ſes ſemblables, ſe rapprocher d'eux par la bienveillance, ſe protéger, ſe défendre mutuellement contre un ennemi commun, c'eſt la Loi du Ciel, le but du pact ſocial, le devoir de la ſociabilité univerſelle. Heureux & glorieux les Princes qui n'aſpirent qu'après l'avantage ineſtimable d'aſſeoir leurs idées bienfaiſantes ſur la baſe de ces Loix ! Ce ſont elles qui ont une influence abſolue ſur le ſort des Empires, qui décident ſouverainement du bonheur ou du malheur de l'humanité.

Le Gouvernement d'un Empire eſt un Miniſtère auguſte & ſacré, auſſi pénible que redoutable. Mais les Rois font des hommes, ils peuvent s'égarer comme nous. Si leurs vertus font de leurs cœurs, leurs erreurs font de leur fiécle ; leurs travaux ne fe bornent point à leur regne ; il ne leur fuffit pas de remédier aux abus préfens, ils doivent encore préparer des remédes pour les maux à venir : l'importance des fonctions dont ils font chargés, donne plus de poids à leurs méprifes, & les rendent d'une conféquence bien plus funefte : auffi les annales de la politique comptent encore plus d'hommes à préjugés, plus de charlatans d'état, que l'art de guérir ne compte d'hommes à fyftême & de jongleurs.

Plus les Rois font refpectables, plus ils font néceffaires & chers au monde, & plus auffi il leur eft important de ne pas tomber dans quelques méprifes. Les abus préjudiciables aux Nations font des crimes politiques dans ceux que des fonctions à jamais vénérables obligent de les prévenir. Jamais les hommes libres & concitoyens ne con-fentirent à devenir fujets, jamais ils n'armerent un Chef de la force pu-blique, que pour affurer entr'eux l'ob-fervation de la Juftice, le refpect pour la propriété, & conferver à chacun d'eux la jouiffance de fes droits.

C'eft la foumiffion due à la Juftice, qui prefcrit l'obéiffance envers le Sou-verain, comme Miniftre fuprême de la Juftice. C'eft la néceffité dont il eft, que le libre ufage du droit des hommes foit protégé & maintenu, pour remplir leur deftination fur la terre, qui oblige les hommes à concourir par-tout de leurs forces, de leurs ri-cheffes, pour élever le Souverain à un degré de grandeur, de majefté, de pouvoir, au-deffus de toutes les pré-tentions, de toutes les entreprifes injuftes, auxquelles pourroient fe porter les individus de la Société, ou les Peuples qui voudroient la troubler. C'eft la fenfibilité phyfique & la re-connoiffance morale, dûes aux auteurs du bien-être, des jouiffances tranquilles de tous, qui affurent aux Souverains l'amour, le refpect, les vœux de leurs Sujets, & qui par - là même rendent les Souverains heureux.

Toute violation de la Juftice, toute infraction des Droits des Hommes, qui ne feroient pas réprimées par les Souverains, & à plus forte raifon toutes celles qu'ils commettroient eux-mêmes, ou pour lefquelles on abuferoit de leur pouvoir, en égarant leur zèle pater-nel, porteroient une atteinte directe à l'autorité en vertu de laquelle les Su-jets doivent obéir; elles leur enleve-roient, du plus au moins, les moyens & la volonté de contribuer au main-

tien de la puiffance qui ne les proté-
geroit plus.

La politique des Souverains & des Peuples n'eft donc pas l'art de préva-loir, d'ufurper & de détruire. Elle ne peut, elle ne doit avoir pour but que de rendre les Nations refpectables, les Etats profpéres, les Hommes heu-reux; elle ne peut y parvenir qu'en donnant aux Souverains des Sujets plus éclairés fur leurs devoirs, plus de vrais Citoyens à la Patrie, plus d'Hommes vertueux à la Société, & conféquem-ment plus de dignité à la nature hu-maine, en dirigeant fa marche par des Loix fondées en raifon.

Cet art délicat & fublime avec le-quel les Chefs des Nations pour-voient aux avantages & à la gloire de celles dont ils font les adminiftrateurs, leur défend non-feulement de porter atteinte aux droits, aux priviléges

inaliénables des autres Peuples ; il leur
enjoint encore d'en être les amis, les
alliés, & de leur procurer les avantages réciproques qui font en leur puiffance. Voilà la politique raifonnable
& jufte des Nations modérées, ce n'eft
affurément pas celle de Carthage moderne.

Son Gouvernement établi contre les
principes de la morale & de la faine politique, exige pour fe foutenir des
moyens que fa force naturelle & conf-
titutionnelle ne fçauroit fournir. Depuis plus d'un fiécle fes finances & fes
troupes ne font point en proportion
avec fes entreprifes.

Il faut aux Carthaginois de grandes
chimères, une perfpective immenfe de
gloire, un commerce fans concurrence,
les richeffes des deux Mondes, des
alliés patiens & des efclaves foumis.
Tous les faits viennent à l'appui de
ces

ces vérités, tous les évènemens les confirment depuis un fiécle. La conduite arbitraire des Carthaginois, leurs démarches hardies , leurs entreprites injuftes, leurs difcours hautains dans les Affemblées nationales, leurs déclamations & leurs manifeftes, tout dépofe contre leur tyrannie. Leur Hiftoire n'offre qu'un enchaînement bifarre de liberté apparente & d'efclavage réel, d'entreprifes téméraires ou injuftes, de gloire éphémère & de malheurs durables, quelques vertus farouches, des fautes, des excès & des crimes. C'eft ainfi que le Defpotifme fe trouve par-tout en contradiction avec lui-même ; fa force veut tout fubjuguer, fa cupidité tout envahir ; toutes deux méconnoiffent les principes d'une adminiftration profpère, & & font taire les Loix fages qui peuvent feules rendre une conftitution inébranlable.   F

Hannon traitant pour les anciens Carthaginois avec les Romains, leur dit : » Je ne souffrirai pas que vous vous laviez les mains dans les mers de Sicile. »

Les Carthaginois modernes ont ofé davantage : Ils ont dit à toutes les Nations : » le Pavillon majeftueux de Carthage eft un Pavillon exclufif : nous ne souffrirons pas qu'aucune Puiffance commerçante ofe fe laver les mains dans les mers de l'ancien & du nouveau Monde. »

» Nous vous déclarons formellement qu'on ne doit pas tirer un coup de canon dans aucune des parties du Globe, fans la permiffion de Carthage. »

Les Romains, Maîtres du Monde, ont donné droit de Bourgeoifie aux Dieux des Nations qu'ils avoient conquifes ; mais le Sénat étoit trop fage pour permettre à ſes Orateurs des propos auſſi injurieux à tous les Peuples de la terre. L'ambition de Carthage méconnoît les droits qu'elle uſurpe ; ſa cupidité ne veut ni aſſociés, ni parts-prenants ; & c'eſt dans ſon Parlement qui inſulte à l'Europe, où les pamflets de cette eſpèce ſont applaudis à tout rompre.

C'eſt dans cette Aſſemblée tumultueuſe où l'on dit audacieuſement : » les mers ſont nos élémens, qu'elles ſoient nos remparts, & nos vaiſſeaux des fortereſſes toujours offenſives ; tout ce qui eſt de convenance pour nous, nous appartient. L'or eſt l'unique baſe de tous les droits, comme l'aliment excluſif de toutes les forces. Couvrons les mers d'Armateurs & de Pyrates privilégiés ; ſoyons de force ou de gré le centre du commerce, l'entrepôt univerſel, le rendez-vous général des be-

foins, que nous mettrons à contribu-
tion. Notre commerce, fans ceffe ra-
fraîchi par ces ruiffeaux toujours re-
nouvellés, deviendra la reffource des
Peuples même dont les dépouilles l'ali-
mentent. N'ayons jamais ni de cartes
vacantes, ni de bourfes vuides, ni
d'efpèces oifives; & fi notre intérêt
exige quelques ménagemens envers nos
alliés, qu'ils glannent au plus où les
Carthaginois auront moiffonné. Dans
ce cas, nous proportionnerons l'affurance, le prix de la garantie aux dan-
gers que nous femerons nous-mêmes
fur les paffages; & quand il s'agira
d'indemnités, elles auront pour mefure une proportion dont le *Tarif* eft
à Carthage. En vain le commerce général opprimé & défolé fur la vafte
étendue des mers nous accableroit de
fes plaintes; que fervent le droit, la
juftice & l'humanité quand il s'agit de

guerres & de commerce exclufif? »

» Il eft de la *Majefté* du Peuple Carthaginois, qu'un Acte du Parlement dreffe les *Rôles* de l'Europe, & les *Quotes* de chaque Peuple du nouveau Monde, mais fur-tout qu'il prononce l'Arrêt de deftruction de la Marine Françoife. »

Un Peuple qui a l'infolence d'ufurper le titre de *Majefté*, doit néceffairement avoir un Chef qui fe croie comme *Agamemnon*, le Roi des Rois; mais fuivons les Orateurs de Carthage.

» Nous parviendrons à ce but, en femant la défiance, la jaloufie, la rivalité, & la divifion entre les redoutables Maifons de *Bourbon* & d'*Autriche*; & lorfque nous en ferons venu à bout, nous dirons aux Corps Germaniques: *Dormez tranquillement, Carthage vous met fous fa protection.* Si l'Autriche fe refufe à nos intrigues, nous crierons alors dans toutes les Cours : Aux armes, aux armes ! Peuples, nos amis & nos alliés, la France ambitieuse en veut à la Monarchie universelle. Nous ne négligerons rien pour faire valoir le systême de l'*équilibre*; & sans apparence de convoitise, nous jetterons les fondemens d'une Puissance que nulle autre ne pourra balancer. »

» Diviser la terre pour conquérir les mers; emprunter le voile de l'intérêt public pour marcher à grands pas vers l'usurpation; chercher en tout & par-tout ses avantages aux dépens de qui il appartiendra, voilà le grand-œuvre de Carthage. Celui qui est maître des mers doit à la longue le devenir de l'un & l'autre continent; ainsi pensoient les Grecs. »

» Mettons donc cent vaisseaux de ligne en mer, qui osera se mouvoir ?

Faifons la guerre à coups de guinées, battons-nous par procureurs, tandis que la France fe battra en perfonne contre les ennemis que notre or lui aura fufcités; & fi nous fommes forcés d'en venir aux mains avec elle, nos Corfaires nous tiendront lieu d'Amiraux en faifant la guerre pour nous; ils s'empareront de fes vaiffeaux avant la déclaration de guerre, même dans les ports neutres. Carthage doit préféter le profit à la gloire; & fi nos ennemis font de grandes & belles actions, nous aurons fait des prifes utiles. »

» Notre domination une fois bien établie, nous ferons les maîtres abfolus de toutes les branches de commerce fous l'un & l'autre hémifphère; nous régnerons en Defpotes, fans concurrence, fans contradiction & fans partage; tous les Peuples alors feront

nos tributaires ou nos courtiers, &
déformais aucune Puiſſance ne pourra
naviger ſans une permiſſion expreſſe,
qu'a la faveur de la grace qui lui
ſera accordée par le Peuple Carthaginois. »

» C'eſt ainſi qu'il faut en impoſer
aux eſprits foibles par la balance de
l'équilibre, afin de ramener à nous
ſeuls tous les avantages que l'on peut
retirer de l'épuiſement des Couronnes
qui tiennent le premier rang en Europe. »

» Déjà le commerce d'Eſpagne ſub-
ordonné touche à ſon dépériſſement;
les priviléges excluſifs que notre force
lui a arrachés, détruiſent les branches
de ſon commerce d'Amérique dans
toute leur étendue. »

» Réduiſons le Portugal à n'avoir
pour tout droit que le titre de Sou-

veraineté; dictons au Cabinet de Lisbonne nos volontés suprêmes; les Por-
tugais n'ont fait les principales dé-
couvertes du nouveau Monde que pour
nous; tout le commerce des Indes est
passé de leurs mains dans les nôtres;
nous avons ramené à nous toutes les
richesses qu'ils tirent de leurs mines;
Carthage a remplacé Lisbonne, jadis
magazin général de l'Europe; nous lui
avons enlevé son indépendance, son
lustre, son crédit, ses manufactures &
son agriculture; & une Puissance qui
reçoit de nous ses subsistances, son
nécessaire, ses habillemens & son luxe,
doit dépendre sans difficulté de ses bien-
faiteurs. »

» Maîtres de *Gibraltar* & de *Port-
Mahon*, notre Empire, puissant sur la
Méditerranée, menace la liberté de
l'Italie, déjà restreinte dans son commerce, comme l'Espagne & la France. »

» La pêche a rendu les Hollandois trop puiffans, ôtons-la leur, & nous tiendrons la Hollande dans l'abaiffement. »

» Les Puiffances du Nord redoutent nos formidables Efcadres; nous avons fçu leur en impofer; nous difpofons de leurs productions en Souverains des mers. »

» C'eft ainfi qu'il faut avilir & dépouiller les Nations, pour ne point traiter avec elles en Puiffances libres & refpectables, mais en Puiffances vaincues ou fubjuguées. »

Telles ont été les vues de Carthage depuis un fiécle; tels font les refforts déliés que la vafte cupidité d'un Peuple ardent fait mouvoir, pour refferrer la navigation de fes voifins & favorifer l'effor de la fienne. Tels font enfin l'efprit, le but & les expreffions de ces harangues indécentes, où tous les Peuples du Monde ne font appréciés qu'au rabais ; & c'eft là ce que les Carthaginois appellent le langage de la modération, des démarches pour la liberté générale, & le maintien de l'équilibre de l'Europe. On eft forcé de convenir que les Corfaires d'Afrique ne font que des novices en comparaifon de ce *Peuple Roi*, fi digne, à tous égards, de leur donner des leçons de barbarie.

Cette politique cruelle & fauffe a rendu Carthage auffi defpotique que peu délicate fur les moyens. C'eft elle qui lui fournit des motifs toujours renaiffans pour fe déterminer à des attaques qui font des attentats au droit des Nations.

Des invafions fubites, au milieu du calme univerfel de l'Europe, font depuis un fiécle le feul genre de Manifeftes à l'ufage des Carthaginois. Se livrer ainſi aux hoſtilités de la guerre, avant de l'avoir déclarée, c'eſt ſe conduire en Pyrate, c'eſt renoncer au titre de Nation généreuſe & juſte, c'eſt bleſſer la pudeur de toutes les Puiſſances.

Vouloir forcer les Nations de plier ſous des volontés injuſtes, n'eſt-ce pas réaliſer les prétentions du Deſpotiſme le plus féroce ? N'eſt-ce pas s'imaginer que tout eſt permis, que les Loix ſacrées de la nature ſont faites pour céder à nos caprices ?

C'eſt une tyrannie de vouloir dominer les Peuples & les commander contre leur gré.

C'eſt une tyrannie de vouloir, contre le droit des gens, ſe rendre l'arbitre de la perſonne, de la liberté, des biens des autres Peuples.

C'eſt une tyrannie d'envoyer trois flottes à la fois a trois des extrémités du Monde; l'une à *Gibraltar*, conquis

& confervé; l'autre à *Porto-Bello*, pour ôter au Roi d'Efpagne les tréfors des Indes; & la troifième, dans la *Mer Baltique*, pour empêcher les Puiffances du Nord de difputer leurs droits.

C'eft une tyrannie d'infulter également fes amis, fes alliés, fes ennemis, dès qu'il s'agit de fon intérêt exclufif, de fon agrandiffement, de fa domination fur l'Océan.

C'eft une tyrannie d'employer la force pour dépouiller le foible, d'employer les menaces pour intimider fes égaux, & de préfenter toujours le flambeau de la guerre allumé.

C'eft une tyrannie que d'allumer des guerres qui accablent l'Europe, afin de fubjuguer les Puiffances, & de s'emparer, à la faveur des troubles, de l'empire du commerce abfolu. Si cette tyrannie n'eft pas celle de *l'ancienne*

Carthage dans les accès de son yvresse, je n'y entends rien.

Mais une Nation vit aussi sous la tyrannie, dès que la Justice cessant de commander, est forcée de plier sous les passions de l'homme.

Elle vit sous la tyrannie, dès que l'intérêt particulier met les Citoyens aux prises, & leur fait perdre de vue l'intérêt général. Par une suite de cette division, les hommes les plus modérés, les plus vertueux, les plus humains, ne peuvent plus remplir les vœux de leurs cœurs. C'est une Loi de la nature que les grandes masses entraînent les petites, & la Nation entière se dégrade.

Toutes les fois qu'une Nation n'est point suffisamment garantie contre les entreprises d'un pouvoir trop actif, elle a des Despotes, & dès-lors elle eſt eſclave. Carthage n'en convient pas : aveugle ſur ſes propres fers, elle ne voit que ceux qu'elle prépare aux Nations ; ou ſi quelquefois elle a ouvert les yeux, ſi elle en a pris de la colère, on lui a dit : *France, Papiſme, Prétendant.* Sa colère alors reſſembloit aux impatiences paſſagères de ces enfans que l'on appaiſe auſſitôt qu'on leur préſente quelques jouets. Quelques victoires infructueuſes, des déſerts de plus, un honneur chimérique qu'ils croyent partager avec leur Maître, des parades ridicules contre les Nations les plus reſpectables, ſuffiſent aux Carthaginois pour les étourdir ſur leur ſervitude intérieure, & ſur une dette nationale qui excéde la valeur de toutes leurs poſſeſſions. Mais les maladies de langueur, ainſi que les maladies aigues, conduiſent à la mort les hommes & les Empires.

Tous les faits dépofent contre la tyrannie des Carthaginois. Que chaque Nation fe rappelle les trames fecrettes, les menées fourdes, les négociations intéreffées, les démarches hardies, & les motifs des guerres de Carthage : elles ne verront dans fa conduite que *rufe, fineffe, artifice, orgueil fans borne, cupidité fans frein, follicitudes voraces, perfidie dans les procédés, prétextes vains ou faux, infractions des traités les plus folemnels, violation des Loix les plus facrées, mépris envers toutes les Puif-fances, infultes à tous les Pavillons . . .*

Chaque Nation eft puiffamment in-téreffée à lire le Mémoire *contenant le précis des faits avec leurs piéces juftificatives, pour fervir de réponfe aux obfervations envoyées par les Miniftres de Carthage dans les Cours de l'Europe en 1756.*

On y verra Carthage occupée d'un plan

plan d'hoſtilités & d'invaſions, dans le ſein même de la paix, tandis que les Commiſſaires Carthaginois, qui étoient à Paris, ne paroiſſoient s'oc-cuper que du ſoin de concourir, avec ceux du Roi de France, à un plan durable de conciliation & d'amitié réciproque: On y verra les inſtructions du Chef de Carthage au Général *Braddock*, avec les plans des opérations militaires pour s'emparer du Canada & des poſſeſſions françoiſes: On y verra la lettre de *Robert Napier* au même Général, pour l'exécution *ſans délais* des hoſtilités réſolues, & des invaſions méditées depuis longtemps: On y verra des invaſions juſtifiées par le ſeul droit de la force : On y verra un Commandant Carthaginois, nommé *Maſcareins*, vouloir forcer les François, Habitans de la rivière *Saint Jean*, de prêter ſerment de fidélité à

G

la Majesté Carthaginoise : On y verra que sur le refus généreux de trahir leur Patrie & leur Prince, ces braves François furent traités avec plus d'inhumanité que les *Ilotes* par les Spartiates : On y verra enfin, & je frémis de le dire, on y verra les Carthaginois *frapper sur un Ambassadeur en l'assassinant*. Voici le fait.

Le 23 mai 1754 M. *de Contrecœur* chargea M. *de Jumonville* des ordres relatifs à la tranquillité générale dans cette partie du Monde. Comme M. *de Jumonville* alloit remplir sa mission, il fut cerné d'un côté par des Carthaginois, & de l'autre par des Sauvages. Les François reçurent deux décharges de mousqueterie des Carthaginois, *mais les Sauvages ne tirerent point sur eux.*

M. *de Jumonville* leur fit dire, par un Interprête, *de finir, qu'il leur apportoit des paroles de paix.* Il leur fit lire la fommation amicale de fe retirer de deffus les terres du Roi; & pendant qu'ils la lifoient, M. *de Jumonville* reçut un coup de fufil dans la tête, après quoi les Carthaginois frapperent à détruire en entier tous les François qui avoient efcorté leur Chef. Les Sauvages, plus humains & plus juftes, fe jetterent au-devant & arrêterent les Carthaginois. Ces mêmes Sauvages furent fi indignés de ce procédé horrible, qu'ils firent propofer à M. *de Contrecœur* (*) *de venger cet affaffinat, & de frapper les Carthaginois;* offre que ce Commandant eut la générofité de refufer.

Quand une Nation eft capable de fe porter à un attentat pareil contre le

____

(*) M. de Contrecœur étoit Capitaine d'une Compagnie de Marine, Commandant en chef le parti de la Belle Rivière, des Forts du Quefne, prefqu'ifle, & de la Rivière aux Bœufs.

droit des Gens, il faudroit la couper par morceaux, la faire bouillir, & jetter le bouillon aux chiens. Mais je fens que l'indignation fait violence à mon caractère! j'en demande pardon aux Nations, j'ai droit à leur indulgence; les fentimens qu'elles éprouveront en lifant ces procédés atroces, font mes garants.

Quel contrafte frappant entre cette conduite & celle de M. *de Villiers*, frere de M. *de Jumonville* affaffiné! M. de Villiers, chargé du commandement des Troupes qui devoient prendre le *Fort de Néceffité*, conftruit par les Carthaginois fur les terres du domaine de la France, eft à la veille de s'emparer de ce Fort, & maître abfolu d'employer le fer & la flamme pour venger à la fois & la France & fon frere.

Ce vertueux Officier avertit les Car-

thaginois du fort qui les menace. M. *Le Mercier* leur dit de fa part, le 13 juillet 1754: » Mon intention n'a ja-
» mais été de troubler la paix, la
» bonne harmonie qui regnoit entre
» les deux Princes amis; je ne fuis
» venu que pour venger l'affaffinat
» que vous avez fait de mon frere &
» de fon efcorte, contre les Loix les
» plus facrées; je ne fuis venu que
» pour vous empêcher de faire des
» établiffemens fur les terres du Roi
» mon Maître. Je fuis venu pour vous
» donner un exemple de générofité,
» lorfque je pourrois me faire juftice;
» je veux vous épargner les cruautés
» où vous vous expoferiez de la part
» des Sauvages, en vous obftinant à
» une réfiftance plus opiniâtre. Vous
» le fçavez, dès cette nuit je vous
» ôterai tout efpoir de poffibilité à
» une évafion; je confens maintenant
» à vous faire grace. . . . . .

Les Carthaginois l'accepterent, & M. de Villiers leur accorda une capitulation fi douce, fi honorable, qu'elle fera a jamais l'apothéofe d'un Héros de l'amour du devoir.

Cet héroïfme de la vertu donna aux Carthaginois d'Europe, l'idée fublime de faire une pagode habillée de bleu & parfemée de fleurs de lys. La canaille lui faifoit publiquement des outrages; elle étoit entourée de l'infcription fuivante : *Sa modération l'empéche de fe venger.* Les réflêxions font inutiles où les faits parlent : laiffons Carthage fe détruire elle-même, elle travaille à venger les deux Mondes. Voici fa pofition actuelle.

Le plus fort dénombrement de tous les Peuples du *Canada* ne monte pas à plus de 90 mille hommes, & la *Floride* eft déferte.

L'entretien du Canada & de la Floride lui coûte annuellement onze millions cinq cents mille de nos livres.

Aucune des Provinces du Canada, de la Floride & de la *Nouvelle Ecoſſe* n'ont été en état de fournir par elles-mêmes à ces dépenſes; enſorte que les Colonies Carthaginoiſes ont été ſaignées juſqu'à la dernière goutte du fruit de leurs travaux, pour arroſer les ſables brûlans de la Floride, les roches glacées du Canada & de la Nouvelle Ecoſſe, qui ne rendent jamais un ſol de ce qu'on y fait paſſer.

Pour faire ces conquêtes auſſi onéreuſes que ſtériles, il en a coûté aux Carthaginois d'Europe, une augmentation de quinze cents millions de dette.

L'intérêt de ces quinze cents millions, à trois & demi pour cent, coûte annuellement à Carthage, cinquante-deux millions & demi.

Les Etabliffemens Civils & Militaires des Colonies nouvellement conquifes, coûtent onze millions & demi par chaque année : ainfi les Carthaginois prélevent annuellement une fomme de foixante - quatre millions, relative à ces objets. Ils prélevent cette fomme au moyen des droits fur le commerce & fur les confommations, qui par leur nature, & d'après leur aveu, coûtent à la Nation le double au moins de ce qu'ils rapportent au fifc.

C'eft donc environ cent vingt-huit millions de nos livres qu'il en coûte d'impôts annuels aux *Francs-Tenanciers* de Carthage & d'une Ifle voifine, pour le plaifir d'arborer leur Pavillon exclufif fur les Forts du *Lac Champlain*, & d'avoir des peaux de caftor qu'il faut payer toute leur valeur aux Sauvages qui les vendent, & plus que leur valeur aux Monopoleurs plus fauvages encore, qui les vont chercher en Amérique & qui en font magaſin à Carthage. C'eſt pour cela qu'ils ont fait périr de miſére, ou maſſacrer un million d'hommes dans les quatre Parties du Monde.

Cet ouvrage d'imprudence & d'iniquité devoit néceſſairement allumer des étincelles qui ſe répandant de la Métropole en Amérique, de Carthage dans le Nord, du Nord au Midi, du Midi au Septentrion, & de proche en proche aux Peuples alliés, ont été le principe des guerres civiles, des ſéparations douloureuſes, des guerres générales qui ont ruiné Carthage & troublé l'Europe pendant plus d'un ſiécle.

Carthage a coupé les nerfs de l'induſtrie de ſes Colons, elle a fait dépérir ſon commerce, en briſant les liens de fraternité, de juſtice, & de bienveillance entr'elle & ſes Colonies, entre les Nations & elle. Les Américains ſont déja libres, ils feront bientôt puiſſans & heureux. Mais Carthage doit trembler ! elle a deux nouvelles *Boſtons* à côté d'elle. C'eſt à la tempête que les Matelots doivent la gloire de ſe reconnoître ſupérieurs à l'impétuoſité des flots.

Cette ſéparation douloureuſe n'eſt pas ſeulement une diminution de forces, de reſſources & de richeſſes pour Carthage, c'eſt une augmentation de puiſſance pour ſes ennemis naturels; ils y gagnent autant de moyens de plus pour l'humilier en la châtiant, qu'elle en perd pour ſe défendre.

Tout l'or *du Breſil*, la plus grande partie des tréſors *du Mexique* & *du Pérou*, & les richeſſes des Nations voiſines avec leſquelles Carthage fait encore le commerce, ont été engloutis par cette politique aveugle. Ce que l'injuſtice & la cupidité avoient amaſſé, l'ambition l'a converti & ſacrifié pour troubler l'Europe & lui donner des fers. Rien ne lui a paru trop cher pour ſubjuguer & anéantir tout ce qui l'environne. Voilà pourquoi la puiſſance actuelle de Carthage eſt ſi fort en oppoſition avec ſes reſſources paſſées. Mais quelques ſoient aujourd'hui les tours de force de ſa politique pour aviver les papiers infinis qui repréſentent ſon numéraire défunt, il faudra toujours finir par réaliſer. *Or*, ou *Banqueroute*, il n'y a point de milieu. Si la Hollande releva Carthage, l'ingratitude de Carthage envers ſa bienfaictrice, a fermé pour jamais les ſources du *Pactole* qui la féconderent.

Il eſt donc vrai que Carthage expie aujourd'hui ſa gloire paſſée ; qu'ayant

ufé avec un orgueil infupportable de
fa profpérité éphémère , il ne lui refte
pas même la confolation d'efpérer que
fon défaftre pût infpirer de la pitié, ni
fa décadence trouver de reftaurateurs.
Les Carthaginois n'ont ménagé perfonne , ils ont infulté à toutes les Nations; aucune ne s'empreffe à les fecourir. Sans alliés, fans amis, fans
moyen de s'en procurer, la neutralité
même laiffe entrevoir des vœux fecrets
pour leur humiliation. Il eft jufte qu'ils
payent chérement la gloire d'un Defpotifme qui a enrichi chez eux quelques Particuliers, & qui a fini par rui-
ner la Nation.

Un Auteur juftement célébre , &
qui devroit jouir d'un meilleur fort,
a fagement obfervé, que la fortune
fondée fur la domination des mers,
fur un pavillon & des priviléges ex-
clufifs, eft comme cet élément mobile,

très-variable ; elle eſt ſujette à des orages politiques, à une police immuable qu'il n'eſt permis à perſonne de troubler. Carthage a cru en pouvoir faire le champ de ſon avarice, le théâtre de ſon ambition ; & ce délire politique, qui a donné tant de convulſions à l'Europe, laiſſe à Carthage ſuperbe de terribles motifs de crainte & de regrets.

La violation du droit des Gens, les attentats aux Loix d'union, de paix, de fraternité, amenent la guerre : la guerre eſt légitime, dès qu'elle eſt néceſſaire pour réprimer la force, la licence & l'audace. Par-tout où la guerre défenſive eſt juſte, la guerre offenſive eſt néceſſairement criminelle. C'eſt le ſujet du chapitre ſuivant.

CHAPITRE IX.

DES Guerres justes & injustes.

IL y a une Justice souveraine, impartiale entre les Rois & les Peuples, entre les Nations de l'ancien & du nouveau Monde, qui doivent se regarder comme naturellement égales & indépendantes les unes des autres, & se traiter comme telles dans toutes les occasions.

Ainsi les droits respectifs des Nations sont les mêmes que les droits de chaque homme pour sa conservation, pour sa sûreté, pour la défense de ses propriétés foncières & mobiliaires. Si la Justice a des Tribunaux particuliers pour réprimer les efforts de ceux qui renversent cet ordre naturel, la Justice des Nations a un Tribunal universel pour juger la conduite des Peuples &

des Rois; fans cela le genre humain deviendroit la victime du brigandage & de la licence.

Avertir les Nations de fe tenir en garde contre les rufes de l'ambition, en dévoiler le motif & le but, c'eft un devoir prefcrit par la charité, c'eft veiller prudemment à l'intérêt commun. Se conféderer pour punir les attentats de la cupidité, c'eft venger la caufe des Loix & celle de l'humanité, c'eft la Juftice.

Il eft donc jufte d'employer la force contre ceux qui fe déclarent nos ennemis, qui violent envers nous les droits de la fociabilité, qui nous refufent ce qui nous eft dû, qui s'emparent de ce qui nous étoit réfervé dans la *menfe* commune de la nature, qui cherchent à nous enlever nos propres avantages, & à les détruire pour toujours.

Conféquemment, c'eft le droit & le

devoir des Nations de s'armer contre l'oppreſſion générale, de ſecouer, de rompre pour jamais le joug du tyran qui voudroit enchaíner les mers, le commerce, & l'induſtrie de toutes les Nations. La juſtice a ſes droits, l'oppreſſion doit avoir ſes bornes : Elle eſt parvenue au comble, il faut l'en précipiter, & le moyen eſt facile.

Un parti bien pris de périr ou de vaincre, eſt ce qui fait réuſſir à la guerre, toujours juſte, dès qu'elle ſe fait pour de juſtes raiſons. Il ne faut être ni incertain, ni flottant dans ſes réſolutions. L'incertitude eſt comme un troiſième chemin entre la défaite & la victoire, mais ce n'eſt pas celui de la reſſource ; c'eſt découvrir ſa foibleſſe à l'ennemi ; c'eſt l'inſtruire de ſon état ; c'eſt le convaincre que l'on n'a ni l'habileté, ni le courage néceſſaires ; c'eſt le rendre plus hardi à entreprendre

treprendre contre nous ; c'eſt le preſſer de nous attaquer ; c'eſt réfroidir le zéle & abattre le courage des Soldats ; c'eſt faire la moitié du chemin en faveur de l'ennemi que notre foibleſſe fortifie.

Il n'y a donc pas de temps à perdre pour ſe confédérer contre Carthage. Tels ſont auſſi les raiſons juſtificatives & les motifs puiſſans de la guerre actuelle contre les Carthaginois, toujours uſurpateurs, toujours agreſſeurs ſans cauſe juſte & ſuffiſante.

Annibal diſoit qu'on ne pouvoit ſurmonter les Romains que dans Rome ; plus on avance dans le cœur d'un Pays, plus on pénétre dans l'intérieur, plus on le trouve foible & déſarmé. C'eſt un avis aux Nations. C'eſt à Carthage même qu'il faut aller battre les Carthaginois ; il faut profiter de leur foibleſſe pour les faire repentir

H

de leur imprudence. Dès que l'injuftice eft confidérable, dès qu'elle eft
univerfelle & manifefte, l'offenfeur
nous appelle lui-même contre lui. Cette
démarche eft l'intérêt du tout contre
les attentats d'une très-mince partie
des Corps politiques. Il faut enchaîner
Carthage & l'humilier; mais la Loi de
l'humanité met des bornes au droit
rigoureux de la guerre. Il ne faut pas
détruire Carthage, il faut la régénérer
par l'amour de l'ordre & de la modération, après l'avoir réduite fous la
protection des Loix de la focieté humaine.

La guerre contre Carthage eft donc
une guerre publique, défenfive, fondée fur la juftice; c'eft elle, qui de
concert avec la prudence, arme aujourd'hui la France & l'Efpagne; &
cette prudence eft ce que les Carthaginois appellent *felf-prefervation* (pré-

fervation de foi-même.) Auffi les François & les Efpagnols, armés pour venger des infractions folemnelles, des
guerres de pyraterie, des attentats fur
les propriétés, des infultes renaiffantes
à leurs Pavillons, ont tous pour uni-
forme celui de la raifon & de l'équité ;
& la fageffe des deux Miniftères a fçu
concilier l'immenfité des plans, la
grandeur des mouvemens, & la facilité
de l'exécution avec le fecret, qui eft
l'ame des fuccès. Le Ciel qui ordonne
la juftice fe déclare déjà le protecteur
des caufes juftes. L'équité eft un rem-
part inébranlable ; la nature entière
s'écrouleroit plutôt qu'un Trône dont
elle eft le fondement ; l'intérêt univerfel de tous les Rois & de tous les Peuples eft de le foutenir.

Quel contrafte frappant entre l'appui
de ce Trône augufte & celui de Carthage, qui ne porte que fur l'agreffion,

le fer, & des fuccès fortuits! Quelle
différence entre la conduite morale &
politique des deux Nations ! L'une
refpecte fouverainement le droit naturel & le droit des gens ; l'autre les regarde comme des êtres de raifon, &
les Loix qui en dérivent, comme un
épouventail pour les foibles ; l'une ob-
ferve religieufement la foi des traités ;
l'autre ne les confidére que comme de
fimples formules entre les Nations, &
les viole impunément ; l'une regarde
les propriétés foncières, effectives, con-
facrées par les Loix, comme des do-
maines perpétuels & incommutables ;
l'autre n'envifage ce droit facré que
comme un barrière mobile, que l'on
avance ou que l'on recule à volonté,
à proportion des fuccès, quand la force
a de quoi juftifier ce déplacement.
L'une, en défendant fa caufe, foutient
les droits de toutes les Nations ; l'autre

les outrage & les dépouille fucceffive-
ment; elle a toujours envers elles une
attitude menaçante pour les exclure du
partage commun, éternifer leur foibleffe, & les empêcher à jamais de lui
fignifier avec du canon leur émanci-
pation entière. Les François enfin ne
fe regardent que comme co-ufufruitiers
des biens que la nature difpenfe libéra·
lement à tous les Peuples; les Carthaginois au contraire prétendent que la
vafte étendue des Ifles & celle des
deux Continens, ne doivent avoir que
des fermes exploitées pour le compte
des *Francs-Tenanciers* de Carthage. Un
Peuple Roi eft fans doute Dictateur fuprême du Sénat des Puiffances qui fe
partagent ce Globe; & fa Suprématie,
arbitre des deux Mondes, doit s'éten-
dre, s'approprier, conquérir, regner
defpotiquement, prononcer fur le fort
refpectif des Empires; & ceux à qui

il daigne accorder le *Protectorat*, doivent lui payer cet honneur par des redevances. Mais revenons à la guerre actuelle, où *le Peuple Roi* joue déjà au Roi dépouillé.

Avant d'en venir à cette extrêmité funeste, le *jeune Louis*, aussi humain que modéré & juste, n'a rien négligé pour détourner un orage qui gravite sur les Peuples, & qui tombe sur eux avec toute la violence de la chûte. Son cœur paternel avoit pris pour arbitre une Médiation auguste, amie de la justice & de la paix. Le *jeune Louis* sçait déjà que cette manière de terminer les différends, par la discussion des raisons de part & d'autre, convient particulièrement à l'homme *Roi*, que la force appartient aux bêtes féroces, & qu'il ne faut y avoir recours que quand on ne peut employer utilement des voies plus douces.

Mais lés procédés raifonnables &
juftes ne paroiffent qu'une vaine céré-
monie au Peuple Carthaginois. Ses procédés font des fignaux de guerre offenfive ; il ne s'eft fervi des conférences
amiables qu'il avoit acceptées , que
comme d'une *tréve* qui lui donnoit le
temps de s'emparer fans bruit des poffeffions françoifes fous un autre hémifphère , & de fe mieux préparer à faire
une guerre injufte fous celui-ci. Enfin ,
après un refus formel & public de fatis-
faction légitime , après des attentats im-
prévus , la France & l'Efpagne indi-
gnées , fe font vues contraintes , pour
dernière reffource , d'entreprendre une
guerre pleine & parfaite. Mais avant, ces
Puiffances l'ont déclaré formellement à
l'ennemi commun ; & cette formalité
particulière à chaque Peuple policé ,
eft conforme au droit naturel , d'où

H 4

dérive le droit des gens, droit respecté des Sauvages même.

Les Carthaginois se croyent bien au-deffus des formalités qui doivent précéder la guerre. Ils débutent par les extrêmes, & regardent comme des égards inutiles les ménagemens que la prudence & la juftice des autres Souverains, employent toujours dans ces circonftances critiques: Auffi la guerre n'eft point pour eux une prife d'armes qui ait pour objet de vuider une querelle fondée en raifon, *c'eft toujours une prife d'armes pour former une querelle injufte.* L'animofité de Carthage contre la France, & fa mauvaife volonté continue, datent du règne *d'Edouard III.* Depuis cette époque, il n'y a point eu de guerre entre les deux Peuples, dont on ne puiffe accufer les Carthaginois.

Je le demande à toutes les Nations:

Eſt-ce la véritable néceſſité, le danger du ſalut de l'Etat, la conſervation de la liberté, de la ſûreté, des propriétés nationales, qui, depuis un ſiécle ont fait courir aux armes les Carthaginois ? Non. Les Nations n'ont vu pendant un ſiécle que la guerre prolongée du Conquérant de l'Inde contre *Darius* ; la raiſon juſtificative d'*Alexandre* étoit de venger les injures que les Grecs avoient reçues des *Perſes* ; mais ſes motifs étoient la vanité, l'ambition & l'avarice d'un uſurpateur.

Je demande à toutes les Nations ce que préſageoit le *Traité* paſſé en 1723 par les Carthaginois avec l'Impératrice de Ruſſie, avant la dernière guerre? Je leur demande quel étoit le but de cet *Acte* du Parlement qui accordoit les ſommes néceſſaires pour ſoudoyer ſoixante mille Ruſſes, & entretenir vingt vaisseaux à la disposition de Carthage?

Les Nations me répondent : » Ces
» précautions, prises dans un temps où
» toute l'Europe étoit tranquille, où
» personne ne pensoit même à aucune
» hostilité, annonçoient à la *Suéde*,
» au *Danemarck*, aux Villes *Anséati-*
» *ques*, à toutes les Puissances du Nord
» & de la Mer Baltique, que Carthage
» avoit le ferme propos de déclarer
» la guerre à la France, & que non
» contente de faire de grands prépa-
» ratifs dans ses propres Etats, pour
» porter les premiers coups avec su-
» périorité sur les Mers de l'Amérique,
» elle vouloit encore prodiguer l'or
» pour soudoyer un corps nombreux
» de Troupes étrangères, & entretenir
» une Marine d'emprunt, afin d'en
» imposer à celles des Puissances du
» Nord qui, jalouses de la liberté qui
» doit regner sur les Mers, voudroient

» offrir leurs secours à la France,
» pour ramener Carthage au devoir,
» & réparer les insultes faites au Pa-
» villon François, contre le droit des
» gens & la foi des traités.

Ce traité de subside, cet acte algé-
rien, annonçoit à toutes les Puissances
ce qu'elles devoient craindre à leur
tour de la tyrannie de Carthage, toujours occupée de l'infraction arbitraire
des maximes générales de la sociabilité
& de l'amour de la paix.

Aussi les Carthaginois, injustes par
rapport à la France, le font envers
tous les Peuples; ils le font encore
entr'eux & avec leurs freres. La guerre
de 1741 a appris à l'Europe à quel
excès ose se porter une Puissance qui
aspire à la domination des Mers. Le
Capitaine *Martin* se présenta devant
Naples le 18 août de la même année,
avec une Escadre de six vaisseaux de

ligne, fix frégates & deux galiotes à bombes. Il envoya une lettre du Roi fon Maître au premier Miniftre de ce Royaume, qui défendoit expreffément à Sa Majefté *Sicilienne* de prendre parti dans la guerre que fon Pere & fon Frere avoient avec la Maifon d'Autriche, pour réclamer les biens de la Maifon *Farnèfe.* On ne donna qu'une heure au Miniftre du Roi de Naples, pour figner les volontés abfolues de la Cour Carthaginoife.

Eft-il un acte de tyrannie plus formelle ?

Les actes d'hoftilités ne font permis que quand ils font néceffaires.

Je demande s'ils font néceffaires, parce que l'on craint la puiffance d'un voifin, qui par les reffources fécondes de fon fol & de l'induftrie de fes Habitans, peut commercer avec avantage

& entrer en concurrence avec une Nation qui veut être unique ?

Je demande s'ils font néceſſaires, parce que cette Nation, qui jouit de la tranquillité chez elle, veut l'aſſurer au déhors par des moyens légitimes, en ſe mettant en bon état de défenſe ?

Je demande s'ils font néceſſaires, parce qu'elle releve ſa Marine, qu'elle rend ſes Ports plus commodes, plus aſſurés, & qu'elle répare les fortifications qui les protégent ? Le maître d'un domaine a le droit inconteſtable de s'occuper de ſon amélioration, & de donner les ordres qui y font relatifs.

Je demande s'ils font néceſſaires, parce qu'une Nation ſenſible & généreuſe, toujours protectrice des Rois & des Peuples opprimés, forme un traité de commerce, *non excluſif*, avec une Nation brave, induſtrieuſe, libre des fers de ſes oppreſſeurs ?

Sont-ils néceſſaires, parce que cette Nation, avantageuſement placée au centre des Mers, veut uſer du droit qu'ont tous les Peuples de la Terre à l'immunité du commerce & à la liberté des Mers ?

Sont-ils néceſſaires ces actes de violence & de force, ſans être aſſuré, d'une certitude morale, que la Puiſſance que l'on craint, a non-ſeulement le pouvoir, mais encore le vouloir de nous attaquer ?

Sont-ils néceſſaires, parce qu'ils ſont utiles à un Deſpotiſme injuſte, à une cupidité ſans bornes, qui oſent attenter à la liberté, aux propriétés de toutes les Puiſſances connues ?

Ils ont ſans doute été néceſſaires ces actes d'injuſtices pour forger les *Menotes* qui devoient enchaîner les Mers, pour violer impunément des devoirs d'une obligation rigoureuſe & parfaite,

dont le mépris emporte des torts irré-
parables, & des injures proprement
dites envers tous les membres du Corps
augufte des Nations.

Il faut convenir que fi la politique
de Carthage a des yeux, elle n'a point
d'entrailles; ou fi elle en a, elles font
d'airain. Sa politique eft celle de cet
heureux coupable, oppreffeur fans remords, tyrań impuni, qui, après avoir
volé trois Couronnes à la fois, força
la Religion même d'être fa complice.

Une férocité naturelle, un efprit de
barbarie, ont caractérifé de tout temps
la Nation Carthaginoife. Lorfquelle
enleva la *Jamaïque* aux Efpagnols, des
Loix de fang, des tortures inouies,
des fupplices atroces, fignalerent fa
prife de poffeffion : Elle mit à prix les
têtes des anciens colons dont elle ne
pouvoit enchaîner les bras: elle donnoit 90 livres pour chaque noir maffa-

cré, dont on apporteroit la tête : ceux qui étoient amenés vivans, furent attachés à des gibets, où ils périrent lentement, exposés & consumés au soleil ardent de la *zone torride* ; supplice plus cuisant, plus affreux que celui du bucher ; supplice digne du cœur & de l'ame de *Phalaris* ; & les Carthaginois, ravisseurs & tyrans, savouroient avec avidité les tourmens de ces misérables, dont tout le crime étoit de sauver leur liberté, & les propriétés des Espagnols des mains qui auroient voulu leur enlever jusqu'au *ciel* & au *sol* ; biens naturels, qu'aucun homme ne doit ni ravir, ni refuser à personne. Le même esprit de barbarie & l'espoir de tout faire impunément ont dicté les mesures de Carthage pour envelopper l'Amérique Septentrionale dans l'explosion de la servitude : Assez lâche pour s'armer toute entière contre une poignée

d'hommes paifibles & induftrieux ; affez
foible pour ne pouvoir les vaincre,
Carthage a été affez barbare pour traiter du *fang* & de *la chevelure* de fes
propres enfans, avec les Sauvages
qu'elle a corrompus. Si la révolte
des Américains eft un crime, c'eft
celui des Carthaginois. Cette révolte
n'eft que le reffentiment de la nature
violée & défefpérée par la dureté des
procédés & par l'atrocité des exactions ;
atrocité qui allume juftement la fureur
dans des ames libres, juftes & coura-
geufes. Dès ce moment les Américains
n'ont vu dans leurs tyrans que des ennemis à combattre, & qu'une marâtre
dans leur mere Patrie. L'Europe a ap-
plaudi à cette révolution, occafionnée
par l'impérieufe néceffité des chofes,
& accélerée par les circonftances du
moment. Les ames honnêtes défirent
par-tout que juftice fe faffe, & que le

crime ne foit pas toujours heureux. (*b*)

Qu'on fe rappelle encore ce qui vient de fe paffer à la *Chine* & dans la *Virginie* ? Le 7 janvier dernier les Carthaginois ont infulté le Pavillon François à *Quang-Tong*, en entreprenant de le jétter bas à coups de hache ; ils

---

(*b*) Les *Tyriens* n'attendoient de leurs Colonies qu'une amitié libre : les Grecs les oublioient bientôt, & les dédaignoient enfuite : les Carthaginois anciens les preffuroient par des impôts arbitraires : les Romains en firent des garnifons : la France en fait des fujets libres & heureux : elle les confidére comme des rejettons attachés à une tige vigoureufe, qui tend toujours à rapprocher d'elle les rameaux qu'elle a fécondés : Elle leur accorde des fecours, des priviléges, des diftinctions même, qui leur rendent chere à jamais leur Patrie adoptive ; auffi la fenfibilité & la reconnoiffance l'emportent dans leurs cœurs fur le chagrin d'être féparés d'une fi bonne mere. L'alliance qu'elle a fait avec eux ne reffemble point au Defpotifme exacteur des Carthaginois modernes. Cette alliance n'eft ni offenfive, ni injurieufe, ni menaçante, ni exclufive ; c'eft un pacte de famille, qui trouve fa fanction dans une adminiftration paternelle.

ont encore plus maltraité celui de leurs amis, les Hollandois ; ils ont renversé le mât de Pavillon établi devant les *Bancanſſeaux*, à *Wampon ;* ils l'ont foulé aux pieds, & l'ont traîné dans la rade à la queue d'un canot, en criant : *Vive le Roi de Carthage* . . . . . Le feu, la violence, les dépradations, des noirceurs ſans néceſſité, des cruautés outrageantes ont marqué le paſſage de la barbarie des Carthaginois dans la Virginie. Les nouvelles publiques ont révélé à l'Europe des outrages de tous les genres envers la nature, des maſſacres de ſang-froid commis ſur des François priſonniers & déſarmés, & ſur leur Chef, conduit à bord du *Vain-queur* pour y être aſſaſſiné, après s'être rendu ſur la foi du droit des gens.

Tels ſont en ſomme les actes d'in-juſtice & d'atrocité qui caractériſent les Carthaginois. Mais enfin la cruauté

a fon terme dans fa nature deftruc-
tive. L'injuftice s'attache à l'homme
par des nœuds qui ne fe brifent qu'avec
le fer, & un moment fuffit quand
l'ame eft ulcérée & le bras levé contre
les oppreffeurs.

Il eft un moyen sûr d'enrayer la
cruauté de Carthage, c'eft d'ufer de
répréfailles envers elle. Un de fes Con-
fuls, nommé *Logie*, en a indiqué le
moyen. Pour engager le Roi de Maroc
à fecourir *Gibraltar*, & à faire caufe
commune avec fa Nation, il a eu l'audace d'affurer à Sa Majefté Maure,
» que des Corfaires Efpagnols ayant
pris près de *Mogador* deux vaiffeaux
carthaginois, deftinés pour la Côte de
Guinée, en ont traité les équipages
avec tant d'inhumanité, que commen-
çant par leur arracher les ongles &
les dents, ils ne cefferent de les tour-
menter de la manière la plus barbare,

jufqu'à ce qu'ils les euffent tous ache-
vés. . . . » Le Monarque Africain ne s'eft
pas laiffé perfuader par une impofture
auffi atroce ; mais comme les exemples
d'humanité, de générofité, de modération enhardiffent aux crimes les Carthaginois, il feroit bon de recourir
aux moyens inventés par le Conful
Logie, & de s'en fervir jufqu'à ce
qu'ils deviennent plus humains.

Il eft donc vrai que Carthage a
perdu la clef du fyftême de l'humanité & de la fociabilité, en voulant
ôter la liberté, les mers, le commerce
aux Nations pour fe les approprier
exclufivement. Les Carthaginois fe-
roient-ils affez fous pour douter d'un
fentiment immédiat, dont ils font
une expérience journalière ? Non.
C'eft avec connoiffance de caufe qu'ils
bouleverfent, qu'ils confondent tout,
qu'ils commettent tant d'attentats. Si

les autres Nations ne font pas libres;
les prérogatives de Carthage font des
illufions.

*Il n'y a dans un marché que ce que
l'on y a mis*, dit fagement l'Empereur
Juſtinien. Tous ceux qui ont des poffeffions dans un territoire, ont droit également au maintien de l'ordre de ce
territoire. Si ce territoire eft commun
& indivifible, le droit de chaque Particulier eft fondé fur le droit commun.
Or, les mers font indépendantes, le
commerce indépendant. De quel droit
les Carthaginois prétendent-ils donner
des Loix fur les mers, & des chaînes
au commerce des Nations ? Carthage, dira-t-on, s'eft arrogée fur mer
le droit du plus fort, je le fçais: Elle
ne peut en alléguer d'autres jufqu'à
ce qu'elle produife ou *la renonciation
formelle des autres Puiſſances à des priviléges facrés & inaliénables*, ou l'ar-

ticle du codicille *d'Adam qui lui légue*
la partie liquide du globe, au préjudice
des autres enfans de ce pere commun du
genre humain.

Mais la force & l'injuſtice ſont ici
ſynonimes. Tout droit fondé ſur la
force ſeule, ne ſubſiſte qu'autant qu'une
force ſupérieure ne l'anéantit point;
ainſi la force qui établit les Gouvernemens, tels que celui de Carthage,
peut auſſi les détruire dans un inſtant;
cet inſtrument aveugle, qui paſſe de
main en main, ſert à la défenſe comme
à l'attaque. La force n'eſt un droit
réel que quand les Princes modérés
& juſtes par caractère l'employent
contre les dévaſtateurs des Etats, des
Iſles, & du commerce opprimés.

» En vain, Deſpotes inſolens! en
» vain cherchez-vous, ſous le maſque
» de l'intérêt public & du maintien
» de l'équibre des Nations, à entourer

» les Peuples de vos chaînes, à les
» réduire au filence & à l'inaction,
» ou à leur infpirer la terreur ! Jamais
» vous n'aurez d'amis fincéres, ni de
» reftaurateurs ; vous n'acheterez par
» les reftes de l'or du Brefil que le
» fuffrage des hommes mercénaires,
» auffi corrompus que vous. Les inf-
» trumens formés avec les débris de vos
» charrues & de celles de l'*Amérique*
» *feptentrionale*, ne fabriqueront ja-
» mais que les malheurs de Carthage.

» Les Loix, la liberté, les vertus
» des autres Peuples vous réfifteront,
» & ces barrières facrées feront in-
» furmontables. (*)

Et vous, NATIONS AUGUSTES !
tranquilles fpectatrices de la lutte mé-

____

(*) Jufqu'ici nous n'avons rien avancé fans preuves
authentiques, & nous finirons de même. L'horofcope
de la décadence & de la ruine de Carthage a été tiré &

morable entre la juſtice & l'ambition,
la modération & le deſpotiſme, la bienveillance & la haine, uniſſez-vous à la

---

annoncé par un Carthaginois célébre, le premier du
mois de février 1776. C'eſt le Docteur *Frice* qui va
parler : Un Ecrivain patriote ne peut être ſuſpect,
écoutons-le.

» Dans les circonſtances actuelles, dans un moment
» où notre Empire eſt démembré, où le ſang de plu-
» ſieurs milliers de nos freres a été verſé dans une
» querelle injuſte, où nos forces ſont épuiſées, nos
» fabricants mourant de faim, nos dettes s'accumulant
» ſans ceſſe, le crédit public ébranlé ; dans une criſe
» pareille, ſi nos ennemis naturels ſaiſiſſoient l'occa-
» ſion . . . Je frémis d'y penſer. . . . un Royaume qui
» ſe trouve ſur le bord d'un précipice ſi dangéreux ne
» devroit ſonger qu'à revenir ſur ſes pas. (*pag.* 73, 87.

» En donnant cet avis, je me regarde comme ren-
» dant le ſervice le plus important qu'il ſoit en mon
» pouvoir de rendre à ma Patrie. Je joue le rôle de
» quelqu'un qui éveilleroit un autre endormi ſur le
» bord même d'un précipice ; mais je ſçais que je parle
» en vain : Le grand Miniſtre qui dirige nos finances
» nous dit que tout eſt bien ; & dans cette perſuaſion,
» nous marchons tête baiſſée vers la cataſtrophe que

France & à l'Espagne pour établir l'indépendance fur les mers, & rendre
éternelle la liberté du commerce. Con-

» j'ai prédite. Cependant, quelqu'impuiffante que foit
» ma voix, je ne puis réfifter au befoin qui me preffe,
» de crier à mes Concitoyens : Ceffez de faire la guerre
» à vous-mêmes ; rappellez vos Armées des Colonies ;
» donnez à leurs propriétés & à leurs chartres les fû-
» retés qu'elles demandent. En vous conduifant ainfi
» avec fageffe, vous aurez peut-être auprès d'elles la
» reffource de la perfuafion ; peut-être vous guérirez
» cette playe allarmante que vos ennemis contemplent
» en triomphant, que l'Europe entière regarde avec
» étonnement. Mais que dis-je ! peut - être la poffi-
» bilité d'une réconciliation n'exifte plus ; peut-être le
» dez eft jetté . . .

» Trop remplis de l'idée de notre dignité, trop
» avides de domination, trop orgueilleux pour recu-
» ler, nous paroiffons déterminés à perfifter ; quelles
» en feront les fuites inévitables ? Les Colonies s'al-
» lieront avec la France ; il s'allumera une guerre gé-
» nérale, & peut-être ce Pays, jadis fortuné, de-
» viendra le théâtre de la défolation & des défaftres
» qu'il a portés dans d'autres Contrées. »

Peu de temps après M. le Marquis de *Noailles*
vérifia la prédiction du Docteur, qui dit alors :

courez de tous vos forces à la franchife abfolue, & au refpect de tous
les Pavillons. Que le trident de Nep-
tune foit le fymbole facré de la liberté
maritime !

» Nos affaires prennent actuellement une tournure
» nouvelle ; tournure la plus critique, la plus allar-
» mante qu'il foit poffible d'imaginer : Plût à Dieu
» qu'il exiftât pour nous quelque genre de conceffion
» qui pût nous tirer d'affaire ? Mais on a honteufe-
» ment laiffé échapper toutes les occafions.

» Avec l'aveuglement qui caractérife nos Confeils,
» & qui jufqu'à préfent nous a conduit du mal au
» pire ; avec la perte de près de la moitié de nos
» forces qu'on nous a arrachées ; avec une dette qui
» nous menace d'anéantiffement, une dette de plus
» de 150 millions fterl. nous paroiffons être au mo-
» ment d'entrer en guerre avec les Puiffances unies
» de la France, de l'Efpagne & de l'Amérique ; fi
» cela arrive, la mefure de nos maux fera comblée ;
» nous verrons arriver la cataftrophe funefte que l'on
» a eu fi longtemps lieu d'attendre & de craindre, &
» que l'on pouvoit fagement prévenir . . . »

Le même évènement avoit été prédit au commen-
cement de ce fiécle par l'Abbé du Boz, & M. l'Abbé
Rénal en a prefque déterminé l'époque. Mais l'ambition a des mains, & n'a point d'oreilles.

Le meurtrier de l'infortuné *Stuard*, après avoir calmé les troubles que son ambition hypocrite avoit fomentés & nourris si longtemps, humilia la Hollande, enleva aux Espagnols la Jamaïque, brûla une de leurs flottes, & parvint, à force d'injustice, a placer au rang des premières Puissances Maritimes la Nation qu'il gouvernoit en Despote. C'est ainsi que les Carthaginois, opprimés & oppresseurs tour à tour, par un flux & reflux d'évènemens rapides & extraordinaires qui renverserent & releverent leur Trône, gênent depuis un siécle l'industrie des Nations qu'ils n'ont pas pû endormir, & que d'un Pôle à l'autre leur Pavillon bannit la concurrence de tous les Pays où il se fixe, en se procurant d'autorité ou par adresse une préférence exclusive.

Mais les droits des Nations sont impreſcriptibles! Carthage en paſſant ſon *Acte de navigation* a dit à chaque Peuple de ne penſer qu'à ſoi. Cette grande leçon, ſi longtemps inutile, doit ſervir de Bouſſole à tous les Gouvernemens, non pour imiter Carthage, mais pour révendiquer la portion qui appartient à tous dans les champs du commerce, héritage que la nature a laiſſé en commun à toutes les Nations.

Carthage a forcé les leviers de ſa grandeur par des convulſions renaiſſantes ; la révolution dans la balance du commerce eſt arrivée ; l'intérêt, l'exemple & l'émulation en preſſent par-tout l'accompliſſement.

S'il eſt des ménagemens preſcrits par la prudence, il eſt auſſi des excès que la raiſon, la juſtice, l'intérêt prépondérant de tous les Peuples, ne permettent pas de tolérer. Les Carthaginois ſont les ſeuls, les vrais ennemis des Peuples de l'ancien & du nouveau Monde : il faut les chercher par-tout où ils font, fur toutes les Mers qu'ils infeftent depuis un fiécle. C'eft le feul moyen de conferver ou de récuperer vos droits, vos privilèges, vos poffeffions, des avantages communs, une gloire trop longtemps obfcurcie. Les intérêts de tous exigent qu'aucune Puiffance n'enfreigne des loix, des conventions, des traités, qui ne peuvent être violés fans porter un coup mortel à tous les membres des Corps politiques. L'unité d'intérêt appelle donc ici l'unité de vœux & l'unité d'efforts; une vengeance commune doit infpirer à Carthage une confternation qui amene fon repentir.

Comment arrêteroit-elle l'explofion de cette mine que le temps a creufé d'une main lente fous les fondemens de fa fortune ?

Le plan des opérations de LOUIS eſt le plan même de la juſtice qui réclame ſes droits & les vôtres, NATIONS AUGUSTES ! La juſtice & la vérité dans le caractère & dans les actions ſont le devoir moral des Rois & des Peuples : j'ai rempli le mien en défendant la cauſe de l'humanité, par la vérité & par la raiſon : le vôtre, NATIONS AUGUSTES ! eſt de la protéger toujours ; conſidérons-la, chériſſons-la comme notre bien ; ſi nous faiſons le ſien, elle fera le nôtre.

FIN.